LE PARCOURS

de la

CRÉATION

D'ENTREPRISE

De l'idée au succès

Anoual VITAL

DÉDICACE

❖ Ce livre est dédié à tous les rêveurs du monde,

❖ Toutes les personnes qui ont un désir

❖ De réaliser de grandes choses.

❖ Pour leur vie et pour le monde

SOMMAIRE

Préface

J'étais toujours motivé par l'entrepreneuriat et le monde des affaires depuis mon enfance. C'est l'une des raisons qui m'a incité à étudier la science économique. Comme Adam Smith disait : l'économie est la science de la richesse. J'adore l'innovation, l'invention et la réalisation des grandes choses. J'étais motivé à connaitre comment une personne peut réussir dans l'entrepreneuriat et la création d'entreprise. J'arrive à découvrir qu'il existe un parcours à suivre pour réussir dans l'entrepreneuriat. Et toutes les personnes ne font pas la même trajectoire pour faire ce parcours, mais il commence toujours par un seul point de départ. Et la majorité des gens qui maitrisent ce parcours ne sont pas trop zélés à l'école pourtant les meilleurs apprenants. Ils n'ont pas cessé d'apprendre pendant toute la durée de leur vie. Le parcours est une école qui dure toute la vie et qui ne donne pas des diplômés. Ces personnes cherchent à apprendre et assimilent les secrets de la réussite. L'une de la catégorie des apprenants qui m'ont été motivés c'est les Madan Sara d'Haïti. Les Madan Sara possèdent une détermination énorme pour faire ce parcours. La détermination est la clé pour faire ce parcours. La clé pour démarrer le moteur afin de parcourir ce chemin peut être longue ou court selon la puissance de votre moteur et la route choisir. Certaines personnes le passent dans la trajectoire qui possède beaucoup de signaux et de feu d'autre passe sur l'autoroute. Lorsqu'une personne veut devenir un professionnel de droit (avocat) ou dans la médecine (médecin), ses personnes à suivre un parcours. De la même manière pour réussir dans l'entrepreneuriat, il y a un parcours à suivre.

Cet ouvrage donne un aperçu global et pratique dans le fonctionnement d'une entreprise. De l'idée aux enchaînements des opérations jusqu'à la réussite. Il n'est pas adressé seulement aux personnes qui veulent créer une entreprise. Mais il est aussi un document qui regroupe des méthodes et des éléments nécessaires qu'une entreprise doit avoir tout au long de son cycle de vie. Il contient des outils stratégiques et opérationnels. C'est-à-dire tout ce dont une entreprise a besoin pour faire face au quotidien et à l'avenir. Il est une feuille de route que l'entrepreneur doit toujours utiliser pour faire le parcours.

Bon Parcours

CHAPITRE 1

1. L'EDUCATION ENTREPRENEURIALE

1.1 Qu'est-ce que l'entrepreneuriat

L'entrepreneuriat c'est la capacité à créer des richesses, de l'emploi par la **création** ou la **reprise** d'entreprise. Celui qui a la capacité de créer est un **créateur**. Et celui qui a la capacité de reprendre une entreprise en faillite est un **repreneu**r. Celui qui s'exerce dans l'entrepreneuriat s'appelle **entrepreneur**. L'entrepreneur est composé de deux mots : entre et preneur. **Entre** c'est une collaboration et une relation de deux ou de plusieurs personnes, ou de deux ou de plusieurs choses. Un **preneur** c'est celui qui fait une **prise** (d'où vient le mot entrepris). Prise est la faculté de prendre, de saisir. Donc, un entrepreneur c'est une personne qui a la capacité de collaborer avec d'autres pour saisir des idées et des opportunités, pour créer des entreprises.

1.1.1 L'origine de l'entrepreneuriat

L'entrepreneuriat est caractérisé par la création de richesse. Dieu est le premier créateur du monde. Il est le père de la création. Et nous sommes tous des créateurs. Puisque nous sommes créés à l'image et à la ressemblance du premier créateur. Au commencement, Dieu créa les cieux et la terre (Genèse 1:1). C'est là l'origine de la création, les cieux et la terre sont les premières richesses du monde qui a été créé. Puis Dieu créa l'homme a son image, il le créa l'image de Dieu, il créa l'homme et la femme. L'être humain est une ressource précieuse pour Dieu. C'est ce qui fait de nos jours qu'on parle des ressources humaines. Jean Bodin disait : « Il n'est de richesse que l'homme ». L'homme est la vraie richesse d'une nation c'est ce qui fait les ressources humaines est la première ressource de nos jours puisque Dieu nous a déjà donné le pourvoir et les meilleures caractéristiques. Dieu dit : Soyez **féconds**, **multipliez**, **remplissez** la terre, et l'**assujettissez** ; et **dominez** sur les poissons de la mer, sur les oiseaux du ciel, et sur tout animal qui se meut sur la terre (Genèse 1:28). Tous les verbes que Dieu utilise dans ce verset sont des verbes d'action qui serve de moteur en entrepreneuriat. C'est 5 verbes qui sont un enchainement dans le domaine de l'entrepreneuriat. L'un doit s'attacher à l'autre pour être un entrepreneur à succès.

1.1.2 Le respect de la loi et la réussite

Pour réussir dans l'entrepreneuriat, vous devez suivre une certaine loi. De nos jours pour se lancer en entrepreneuriat, il y a toujours des lois qui sont en vigueur dans tous les pays du monde. Chaque pays a ses propres lois et règlements dans le domaine des affaires. Comme des lois sur la fiscalité et des normes en création d'entreprise. Et il y a aussi des lois naturelles que vous ne pouvez pas violer. La génération contemporaine a compris l'importance des lois en entreprise jusqu'à l'arrivée de la crise de 1929. Les États-Unis ont à établir une certaine nouveauté dans le domaine de la production. Mais les meilleurs façons d'investir c'est de suivre les lois de Dieu. C'est pour cela, depuis l'antiquité Moise ont prescrit des lois pour réussir dans tout ce que tu entreprendras. Dieu disait : Fortifie-toi seulement et aie bon courage, en agissant fidèlement selon toute la loi que Moïse, mon serviteur, t'a prescrite ; ne t'en détourne ni à droite ni à gauche, afin de réussir dans tout ce que tu entreprendras (Josué 1:7).

1.1.3 L'éducation entrepreneuriale

Le rôle de l'éducation entrepreneurial est de vous former davantage sur le parcours à suivre pour réussir dans la création de richesse. Le premier cours en entrepreneuriat fut dispensé aux États-Unis à l'Université d'Harvard[1] en 1947. Cependant, de nos jours peu de gens à réussir dans ce domaine à cause de manque d'éducation dans le domaine financier, la création et la gestion d'entreprise. Le succès d'une entreprise dépend d'une grande partie du niveau leadership du propriétaire. L'éducation dont une personne a besoin pour réussir financièrement n'est pas souvent donnée à l'école. Éduquer en entrepreneuriat c'est d'avoir la capacité de matérialiser une idée dès la manière de la percevoir jusqu'à aboutir au succès.

---

[1] https://www.wikiliberal.org/wiki/%C3%89ducation-entrepreneuriale.

1.2 Les types d'entrepreneurs

1.2.1 Le créateur d'entreprise

Il s'agit d'une personne qui a une idée bien précise d'un produit ou d'un service, qu'il veut développer et mettre sur le marché. Cette idée peut correspondre à une activité nouvelle que les consommateurs ne connaissent pas ou à une activité ancienne déjà exploitée par un concurrent.

1.2.2 Le travailleur autonome

Le travailleur autonome est celui qui travaille pour lui-même, il y a un contrat pour chaque travail avec son client (exemple : un médecin, un avocat, etc.). Il est une personne qui s'engage envers une autre personne, son client, à effectuer un travail matériel ou à lui fournir un service moyennant un prix que le client s'engage à lui payer.

1.2.3 L'intrapreneur

Selon Carrier (1992), l'intrapreneur est au service d'une organisation alors que l'entrepreneur travaille pour lui-même, l'intrapreneur doit s'adapter à son milieu alors que l'entrepreneur s'adapte et interagit avec son milieu, l'intrapreneur doit convaincre et l'entrepreneur doit s'imposer, l'intrapreneur risque sa crédibilité et l'entrepreneur risque ses avoirs financiers, l'intrapreneur se voit imposer son salaire et l'entrepreneur décide de sa rémunération, l'intrapreneur doit négocier ce qui doit être fait, l'entrepreneur peut décréter ce qui sera fait.

1.2.4 L'entrepreneur social

C'est un individu qui vient apporter de nouvelles solutions à des problèmes sociaux qu'il met en place dans le cadre d'une organisation pour agir sur une plus grande échelle.

L'entrepreneur social prend en charge un problème sociétal qui pourrait incomber au gouvernement et qui propose des solutions novatrices susceptibles de changer le système.

1.3 Développement des caractéristiques

Tous les entrepreneurs possèdent des caractéristiques communes, dans quel que soit le domaine, le pays où ils entreprennent. C'est à travers ses différents critères qu'on peut un nommer ou appeler une personne entrepreneur. Parfois ses caractéristiques sont innées, mais une personne ordinaire peut les développer. Les personnes normales peuvent le développer soit par un désir d'entreprendre ou à travers une nécessité d'entreprendre. Les personnes ordinaires sont les personnes qui acceptent la vie telle qui l'est. Il vit par la transformation des autres, il adapte à n'importe quel millier ou se trouve sans la transforme. Il se contente du peu qu'il possède.

L'autre type de personne, on peut l'appeler entrepreneur, innovateur, leader, ils ont tous un caractère commun. Ce sont des personnes qui n'acceptent pas toujours la communauté où il vit comme ce qu'il est. Il remet en cause tout ce qu'il voir, même si ce n'est pas sont champs d'activité. Ce sont des transformateurs, des créateurs, des innovateurs et des leaders. Ils ont un mode de pensée différent des personnes ordinaires. Et ses caractéristiques, même s'ils sont innés chez certaines personnes, on peut la développer soit à travers une nécessité ou un désir.

1.3.1 Le désir d'entreprendre

Napoléon Hill disait « un désir ardent est le point de départ de tout accomplissement ». Le désir d'entreprendre c'est un mode de conception qui se développe dans l'esprit d'une personne, il se manifeste par la façon de percevoir et de comprendre les choses autour de lui. Cette personne se manifeste en lui un désir de création, d'innovation. Lorsqu'on a un désir d'entreprendre, on voir que le succès par rapport à la croyance de la réalisation qui est en vous. Quand il y a un désir d'entreprendre on est prêt à payer n'importe que prix pour lancer l'entreprise. Il est un but bien défini. Un désir de résoudre des problèmes se manifeste par un sentiment de concrétisation. C'est lorsqu'on est prêt-à-assimilé échec ou déception pour la réaliser. Si vous voulez développer en vous le désir d'entreprendre, vous devez couper toutes les possibilités d'obtenir un emploi. Puis développer en vous le désir de résoudre les problèmes, de création et de faire ce que les autres ne font pas.

1.3.2 La nécessité d'entreprendre

Vous pouvez devenir un entrepreneur à cause d'une nécessité d'entreprendre quelque chose. Parfois il y a certains cas dont vous n'avez pas d'autre choix qu'entreprendre. Surtout les siècles passés où les gens achètent à travers le troc. Cela veut dire que si vous n'avez aucun produit pour troquer contre un autre, vous ne pouvez posséder rien. Pour aller dans le marché ou les gens se troc il faut que vous possède quelque chose de valeur. Cette nécessité est toujours courante dans notre siècle sur une autre forme. Vous pouvez devenir entrepreneur avec la nécessité d'avoir quelque chose à manger ou de valeur (matériel). Dans ce cas, vous n'avez pas d'autre choix qu'entreprendre quelque chose. Une personne peut devenir entrepreneur quand il n'y a pas d'emploi ou avec un licenciement. Cette nécessité provoque chez lui une volonté d'entreprendre.

1.3.3 Le mindset d'un entrepreneur

Vous êtes ce que vous pensez. La meilleure façon de développer les caractéristiques d'un entrepreneur c'est penser comme un entrepreneur. C'est à travers vos pensées qu'on développe vos perceptions dans ce domaine. La perception c'est la façon de percevoir et de comprendre ce qui se passe autour de nous. C'est la façon de percevoir les choses qui peut déterminer vos succès et vos échecs. Votre pensée est tellement puissante qu'il pourrait vous changer, changer une communauté, et même changer la perception du monde. Lorsqu'elle est accompagnée d'un objectif, d'un but à bien définir, d'une persévérance soutenue et d'un désir ardent. C'est pour cela que Napoléon HILL disait : tout ce que l'esprit peut concevoir et croire qu'il peut la réaliser. Donc si vous croyez que vous este un entrepreneur à succès, vous pouvez le devenir en menant des actions concrètes.

1.3.4 La proactivité

La proactivité est la capacité à prendre des initiatives. Le développement de l'esprit d'initiative vous permettre d'entreprendre les choses que d'autre n'ont pas faites. En psychologie le terme proactif est un néologisme qui décrit une personne prenant en main la responsabilité de sa vie, plutôt que de rechercher des causes dans les circonstances ou les personnes extérieures[2]. Ce sont des genres qui prendre des dispositions pour faire arriver des choses ou empêche quelque chose arrive dans la communauté. Elle est l'une des caractéristiques d'un entrepreneur. Un individu proactif possède la potentialité de provoquer les choses. Le contraire de la proactive est le passif et pour développer la proactivité dans votre vie, vous devez être actif. Une personne passive s'excuse toujours tandis qu'une personne active prendre en main sa responsabilité. Il est une valeur pour lui-même et pour le monde. Comme en comptabilité, l'actif c'est une ressource que possède une entreprise, mais aussi une personne en termes d'utilité. Pour être proactif vous devez parvenir à évoquer votre attitude, vos comportements pour anticiper et donner des réponses à un problème.

1.3.5 L'opérationnalisation de l'idée

Les bonnes idées, les meilleures idées sont à la portée de tous et toutes, mais opérationnaliser une idée est la qualité de quelques per-

---

[2] https://fr.m.wikipedia.org/wiki/Proactif

sonnes. Pour avoir une bonne idée, cela ne demande pas beaucoup d'effort, mais pour opérationnaliser une idée il y a un prix à payer. Et c'est le prix a payé qui provoque souvent l'abandon chez la majorité de personnes, seuls les gens déterminer qui serons arrivés à concrétiser une idée. Pour opérationnaliser une idée, vous devez être très déterminé. Souvent on utilise le mot ou le concept de détermination pourtant peu de gens comprend sa définition. La détermination s'est avancée, poussée en avant, quel que soit l'obstacle. La détermination c'est continuer quel que soit la difficulté, et, quel que soit le problème. Pour opérationnaliser une idée, vous devez être capable d'**oser, là où tout parait impossible.** Un entrepreneur est celui qui est capable d'opérationnaliser une idée.

1.3.6 La fixation d'un but précis

Pour opérationnaliser une idée, vous devez avoir un but dans la vie. Le but c'est votre objectif à atteindre, vos points visés. C'est lorsqu'on a un but bien défini qu'on peut cultiver la détermination. D'après Henry Dorléans pour fixer un objectif, vous devez répondre à ses quatre (4) questions : 1-que veut tu réaliser dans ta vie ? 2— Comment comptes-tu t'y prendre ? 3- Quels sont tes atouts, tes points forts ? 4— Quels sont tes points faibles et comment comptes-tu remédier à ceux-ci ? N'oublier jamais la grandeur de vos rêves peut déterminer la grandeur de vos obstacles sauf s'il s'agit d'un miracle. Et même les miracles demandent de grands sacrifices… C'est-à-dire lorsque vous avez un grand rêve, vous allez développer en vous le maximum de détermination. Parfois c'est seulement vous qui pouvez comprendre et croire en vos rêves. *Lors de la création de Facebook, **Mark ZUCKEMBERG**, avait sélectionné certains de ses amis et les avaient réunis dans une petite salle pour leur exposer son projet. Mais ses amis lui ont répondu ceci : « vraiment Mark ta place n'est pas dans cette université, tes compétences dépassent largement celles de nos professeurs, tu es vraiment fou, et ta vraie place serait dans un asile ». Et ils se sont levés, puis ils sont partis.* Cependant il n'a pas cessé de croire en ses rêves et aujourd'hui Facebook est l'un des réseaux sociaux les plus populaires du monde. Lorsque vous avez un but à atteindre qui peut changer votre destiné et changer le monde vous n'avez pas besoin l'approbation de personne pour commencer.

1.3.7 Oser, là où tout parait impossible

Lorsqu'on a un but bien définir à atteindre, vous devez développer une certaine audace pour affronter le parcours qu'on doit suivre pour y arrive. Même si tout le monde ne comprend pas vos visions, n'ayez pas peur d'oser. Les grandes inventions déjà réalisées n'étaient pas possibles pour tout le monde. Je n'ai pas encore lire un livre qui parle de la personne qui était avec Thomas Edison, Mark zuckemberg lors de ses premières réalisations. Même si tout le monde voir que c'est impossible, n'ayez pas peur d'oser. C'est pour cela que Warren Buffett disait « Soyez craintif lorsque les autres sont avides et avide lorsque les autres sont craintifs ». Lorsque la majorité des investisseurs[3] se montre avide, Buffett se montre craintif (ou du moins extrêmement prudent). Si la plupart des investisseurs expriment sa peur, voilà que Buffett sera gagné par l'« avidité » (ou du moins par une fièvre acheteuse inhabituelle). En suivant cette stratégie, Buffett a gagné beaucoup d'argent, au moment où d'autres connaissaient un certain nombre de déboires.

1.3.8 Le levier de la foi

La foi est une ferme assurance des choses qu'on espère, une démonstration de celles qu'on ne voit pas (Hebreux11:1). La foi est une arme puissante, très utilisée dans le domaine des affaires ainsi que d'autre domaine qui possède une certaine complexité. Il nous permettre de contempler a une réussite avant même qu'il soit arrivé. Et avoir une assurance dans sa réalisation. Cependant peu de gens comprennent la dimension de ses armes puissantes. Certaines personnes la comparent à un exercice du subconscient pour donner une image à la foi. À mon avis le mot subconscient est un infime parti de la foi. Du fait que le subconscient est éphémère alors que la foi est éternelle. La foi n'est pas d'autres qu'une ferme assurance des choses qu'on espère. La foi est aussi un don spirituel. C'est une caractéristique visible chez la personne qui l'exerce. Du fait que la foi accompagne aussi la patience, la persévérance et la détermination. La foi n'est pas

---

[3] Warren Buffet, 24 leçons pour gagner en Bourse, par J. Pardoe

le synonyme de miracle. Mais c'est la foi qui produit des miracles. On a souvent mentionné qu'Abraham est le père de la foi. La foi qui était en lui n'est pas seulement l'effet qu'il put enfanter aussi vieux. Mais par la patience qu'il a pour attendre la promesse de Dieu. Donc, si vous voulez réaliser quelque chose de grand en entreprise, dans la création, l'innovation et l'invention. Vous devez avoir de la foi dans ce que vous voulez réaliser en cultivant la patience, la persévérance et la détermination. La foi c'est d'avoir la volonté et la capacité de prendre des décisions d'avancer quand il n'y a plus d'espoir.

1.3.9 Savoir surmonter les obstacles

L'entrepreneuriat n'était jamais un domaine facile. Seulement les 10 % des genres qui accepte de surmonter les obstacles qu'il contient finir par réussir dans ce domaine. D'après des statistiques il y a 10 entreprises sur 100 qui resteront sur un marché après 5 ans. Ces 10 % d'entreprise qui reste sur le marché sont les entreprises qui se préparent à surmonter les obstacles du marché. C'est la raison pour laquelle Maxime Victor disait qu'on a deux choix : « soit tu fais 40 ans de prison, soit tu fais 5 ans de travail forcé ». Il montre que les travailleurs au Québec sont semblables avec un prisonnier.

Au Québec, les prisonniers mangent mieux que les enfants à l'école primaire. Ils ont même des cours de yoga. C'est vrai que pendant 40 ans, on prendra bien soin de toi ; c'est ça, un emploi. Avec tous les avantages qu'on va te donner : aller chez le dentiste, aller à la gym... C'est correct. Mais lorsque tu sortiras de tout ça après 40 ans, tu

seras déboussolé, désorienté, perdu. Tandis que l'autre choix qui se
présente à toi, c'est de faire 5 ans de travail forcé et ensuite tu seras
libre. Lorsque je parle de 5 ans de travail forcé, c'est qu'on va te
prendre, on va t'amener dans un désert, on va te donner une pelle, on
va te dire de creuser sous un soleil à 40 degrés, sans rien à boire. Tu
vas souffrir, mais ça en vaut la peine. Parce qu'après tu seras libre.

1.4 La Méthode entrepreneuriale

1.4.1 Croissance personnelle

La croissance personnelle est un processus d'apprentissage tout au
long de la vie qui aide les hommes à développer leur potentiel et leurs
capacités. Ce processus commence par la prise de conscience de soi
et se poursuit par l'exploration des intérêts et des activités qui nous
rapprochent de nous-mêmes[4]. L'investissement en soi est un élément
essentiel qui peut garantir le développement de votre entreprise. Le
développement de vos compétences dans un domaine peut augmenter
ton niveau de sagesse pour comprendre et interagit avec le monde qui
nous entoure. Surtout lorsque vous développez un niveau de leadership en vous. Le leadership est l'élément crucial pour votre développement personnel et le développement de votre entreprise. Pour
croître vos compétences, vous devez savoir vos points faibles c'est-à-

---

[4] 3 habitudes qui stipuleront votre croissance personnelle, Viky, 29 juillet 2022,
consulte le 26 décembre 2023, http://vikygirouard.ca/blogs/back-end/croissance-
personnelle

dire le domaine dans laquelle vous n'êtes pas excellent, mais qui peuvent être un atout pour la croissance de votre entreprise. L'investissement et la création d'entreprise ne sont pas un risque, mais c'est le manque de compréhensions qui est risqué. Robert Kiyosaki disait « Même si vous n'excellez pas en tout, prenez le temps d'acquérir des connaissances pertinentes, et votre monde changera rapidement. N'essayez jamais de fuir ce qu'il vous faut apprendre. Affrontez vos peurs et vos doutes, et de nouveaux horizons s'ouvriront devant vous ». La croissance personnelle peut se faire à travers :

- Les livres que vous lisez
- Les personnes donc vous écoutez sur internet, à la Radio, à la Télévision, à l'Église.
- La formation : l'École, les conférences et autres

1.4.2 Savoir saisir les opportunités

La proactivité a une relation étroite avec le savoir comment saisie des opportunités. Ce sont les personnes qui maîtrisait comment saisir les opportunités qui aimes les problèmes. Puisqu'il connait dans chaque problème, il y a plusieurs opportunités à exploiter. Les opportunités sont toujours externes. Pour saisir une occasion, vous devez agir au bon moment et au bon endroit. C'est la façon la plus stratégique pour profiter d'une opportunité qui se présente devant vous. Vous devez analyser toujours ce que vous possédez en vous et ce qui vous entoure. C'est là qu'intervient l'énorme importance de la matrice SWOT ou FFOM. Donc, il est essentiel de : renforcer vos forces, diminuer vos faiblesses puis d'éviter les menaces pour saisir les opportunités qui se présente.

1.4.3 Maitrisez le domaine financier

La maitrise du domaine financier est l'élément primordial pour un entrepreneur. La connaissance dans le domaine financier vous permet de savoir quelle disposition vous devez prendre pour accroitre vos revenus y compris de devenir extrêmement riche. Il est le moteur des gens qui prospèrent dans le monde. Il est la méthode que Père riche a donnée à Robert Kiyosaki pour qu'il sût comment prospérer dans les affaires. Jusqu'à aujourd'hui peu de gens prendre ses décisions pour devenir riche. Le domaine financier fait référence à deux mots : **L'Actif** et le **Passif**. Robert Kiyosaki a donné une définition très simple à ces deux mots. Pour lui un « actif est l'ensemble des biens et créances qui mettent de l'argent dans nos poches. Tandis qu'un passif est l'ensemble des biens et créances qui enlèvent de l'argent dans nos poches ». Donc si vous voulez être riche, passer simplement votre vie à acheter des actifs. Puis si vous voulez être pauvre, passer votre vie à acheter des passifs. C'est la raison pour laquelle dans ce livre je vous donnerai une connaissance de base et plus pousser dans le domaine financier. Nous avons constaté que les talents ne suffisent pas pour arriver là où se trouve le succès. C'est-à-dire pour réussir financière-ment, vous devez suivre un parcours et le parcours se trouve dans ce livre. Si vous vous parcourir dans ce chemin, vous rencontrerez le succès dans la création de votre entreprise. Suivez ce parcours et l'avenir en dira le reste.

1.4.4 S'inspirer des Madan Sara d'Haïti

Les Madan Sara d'Haïti sont des femmes qui peuvent inspirer le monde entrepreneurial. Elles demeurent des génies d'entrepreneur dans la façon dont elles sont prêtes à investir et se comportent face au risque. Ce sont des femmes les plus souvent ne savais ni lire ni écrire pourtant elles ont la capacité de comptabiliser leur commerce. C'est la façon dont elle organise sa vie, ses cerveaux qu'on leur a donnés le nom de Madan Sara. Puisqu'elle parle toujours avec ses compatriotes et même quand elles sont seules. Le nom Madan Sara vient d'un oiseau, qui chante toujours et qui peut aussi passer toute une journée à travailler. Pourtant peu de gens comprennent la potentialité des Madan Sara d'Haïti. Les Madan Sara ne parlent pas beaucoup vraiment quand elles sont seules. Mais elle est en train de comptabiliser leur commerce sans même avoir un cahier en main. Elle connaît très bien tout ce qu'elle possède comme actif et aussi le passif qu'elle. Elles ont la capacité d'équilibrer les états de résultat de ses affaires. Et après un temps donné elle établir le bilan. Elles peuvent t'expliquer de façon très claire le patrimoine de leur business même si elle n'utilise pas les vocables comptables.

1.4.5 Aimez vos rêves

Pour réussir, vous devez aimer vos rêves, avoir de l'embussions pour eux. Ce sont les gens passionnés qui peuvent réussir leur rêve. La passion de ne voir pas souvent les obstacles comme tel, il voir seulement le but à atteindre. C'est la même attitude lorsqu'un gentleman tombe amoureux d'une fille, il déploie toutes ses compétences pour avoir cette fille. Il est prêt a fait n'importe quel sacrifice pour acquérir le cœur de la jeune fille. Il cherche les plus beaux poèmes, il passe plus de temps dans le téléphone, il passe toute la journée à envoyer des textes, pour montrer à la fille qu'il est l'homme de sa destinée. Il fait toute la journée et même la nuit a pensé à cette fille. Le plus beau jour, et souvent le jour inoubliable, ce sont les premiers baisers. Le premier baiser provoque les mêmes émotions, les mêmes sentiments chez les deux. Je croire que seuls les anciens et les amoureux, amoureuse actuelle qui peut expliquer ce sentiment inexplicable. Ce que vous devez comprendre à propos des attitudes du gentleman, c'est que vous devez utiliser cette même attitude pour réaliser vos rêves. Votre réussite dépend du niveau d'amour et de sentiment que vous avez développé pour vos rêves. On ne peut atteindre un but qui n'est pas en priorité dans vos cœurs. Pour réaliser vos rêves fous, vous devez développer un certain amour pour lui. Il doit être le commencement de votre journée et vos plus beaux rêves du soir. Comme le gentleman vous devez mettre toutes vos compétences pour courtiser et bâtir une équipe pour réaliser vos rêves.

1.4.6 L'esprit d'équipe

« Les projets échouent, faute d'une assemblée qui délibère ; mais ils réussissent quand il y a deux nombreux conseillers ».

Proverbe 15 :22

L'esprit d'équipe est un élément crucial dans le développement d'une entreprise. Pour bâtir une équipe, vous devez sortir dans ta zone de confort. Souvent, on veut réaliser quelque chose puis cela vous demande de bâtir une équipe. Mais l'erreur que la majorité des genres on commettre c'est de concentrer sur sa famille, ses amis et sa locale. Parfois les gens qui veulent vraiment collaborer avec vous se trouvent ailleurs et ils ne sont pas souvent dans votre zone de confort. Lorsque ce cas se présente, vous devez déployer les meilleures stratégies pour aboutir avec le projet. Pour bâtir une équipe, vous devez chercher des genres compatibles, qui croire et qui souhaite réellement participer dans l'idéologie du but à atteindre. L'esprit d'équipe c'est aussi avoir la compétence de former une équipe. Avoir la potentialité de faire consommer vos projets avec appétit.

1.4.7 N'ayez pas peur l'échec

L'échec fait partie de la réussite mais le vrai échec c'est lorsque vous abandonnez. Une personne qui est échouée c'est celui qui a abandonné avant d'avoir réussir. La conception de Nelson Mandela par rapport à la défaite fait de lui une source d'inspiration pour le monde. «Je ne perds jamais. Soit je gagne, soit j'apprends. Il a considéré la défaite comme un cycle d'apprentissage mais jamais un échec. Il a une mentalité de gagnant. Et Père riche disait que lorsque vous vous préparez à être déçu, vous avez la chance de pouvoir transformer cette déception en un actif. C'est la raison pour laquelle un si petit nombre de gens prospères c'est parce que peu de gens ne peuvent surmonter la déception. Au lieu d'apprendre à y faire face, ils passent leur vie à l'éviter. La meilleure façon de combat l'échec c'est de se préparer mentalement à le vaincre.

1.4.8 La création, la création et la création

La création d'entreprise est l'acte principal de l'entrepreneuriat. On ne peut pas parler de l'entrepreneuriat sans l'ouverture de l'entreprise qu'elle soit économique ou sociale. Malgré les types d'entrepreneur qui ne cesse pas d'évoluer, il y a toujours un point commun entre eux et entre elles qui est la création de valeur. Même quand vous lancez dans la reprise d'entreprise ou l'entrepreneur du web et d'autres catégories d'entreprise. Le but de l'entrepreneuriat c'est la création de la valeur. L'important c'est de donner au marché une vertu en plus. Une chose a de valeur quand il peut combler un besoin ou résoudre un problème. Quel soi un besoin physiologique, sécurité ou un besoin d'accomplissement.

CHAPITRE 2

2. LES CLASSIFICATIONS DE L'ENTREPRISE

2.1 Entreprise

L'entreprise est une cohésion économique et juridique qui a pour principale fonction la production de biens et services destinés à être vendus sur un marché. L'activité d'une entreprise peut être décomposée en deux phases distinctes :

– l'activité productive, c'est-à-dire la création de biens ou services.

– l'activité de répartition des richesses en contrepartie des biens ou services[5].

2.1.1 Les secteurs d'activité

2.1.1.1 Secteur primaire

Le secteur primaire regroupe toutes les entreprises utilisant à titre principal le facteur naturel. Il englobe l'agriculture, l'élevage, la pêche, etc.

---

[5] www.Mcours.com, cours d'entreprenariat

2.1.1.2 Secteur secondaire

Le secteur secondaire réunit toutes les entreprises ayant comme opération principale la transformation de matières premières en produits finis et englobe donc toutes les industries.

2.1.1.3 Secteur tertiaire

Le secteur tertiaire qui rassemble toutes les entreprises prestataires de services. Sa composition est très hétérogène, car il regroupe tout ce qui n'appartient pas aux deux autres secteurs, à savoir : les activités de distribution, de transport, de loisir, de crédit, d'assurance, d'hôtellerie[6]...

2.1.1.4 Secteur quaternaire

Le secteur quaternaire est la collection des entreprises qui s'évolue dans le monde technologique. Il est composé des blockChain, les applications, les moteurs de recherche, les sites internet.

Les entreprises technologiques les plus populaires en 2023 sont : **Amazon** (Amazon Store, Amazon Prime, Amazon web Service, Alexa, Twitch, Goodreads), **Apple** (iPhone, Ipad, Apple Watch, AirPods, MacBook), **Alphabet inc.** (Android, Google, YouTube), **Microsoft** (Microsoft, MS Office, Microsoft Teams, Visual Studio), **Samsung Group** (Téléphones, Téléviseurs et autres appareils), **Tencent Holdings** (WeChat, PUBG mobile, QQ., Riot Games), **Meta**

---

[6] ibid.

Platforms (Facebook, Instagram, Whatsapp, Messenger), **Cisco Systems** (Cisco ONE, Cisco DNA, Cisco+), **Oracle Corporation** (Oracle Cloud, Java, MySQL, Oracle Linux), **Broadcom Inc** (Symantec, Entreprise Cloud, Rally Software), **SAP** (SAPS /4HANA cloud), **Salesforce** (Customer 360, Slack, Tableau), **Intuit** (Quick-Books,Turbota,Mint), etc.[7]

2.1.2 Classification selon la taille de l'entreprise

2.1.2.1 Le nombre de personnels employés

– les micros ou très petites entreprises (TPE) qui emploient 0 à 9 employés et employées

– les petites entreprises (PE) qui emploient un effectif compris entre 10 à 49 salariés et salariées

– les moyennes entreprises (ME) employant un effectif compris entre 50 à 499 salariés et salariées

– les grandes entreprises qui emploient plus de 500 salariés et salariées.

---

[7] *Source :* *https://userguiding.com*

2.1.2.2   Le chiffre d'affaires[i]

➤ dans les micros ou très petites entreprises (TPE) moins de 2 millions d'euros

➤ les petites entreprises (PE) compris entre 2 à moins de 50 millions d'euros

➤ les moyennes entreprises (ME) comprises entre 50 à 1500 millions d'euros

➤ les grandes entreprises (GE) est partie de 2000 millions d'euros

2.1.3 Classification juridique

2.1.3.1 Entreprise privée

Les entreprises privées sont des sociétés dont le capital est détenu par des particuliers, c'est une entreprise qui ne dépend pas directement de l'État.

2.1.3.2 Entreprise semi-publique ou mixte

Ce sont des entreprises dont le capital et la gestion sont partagés entre personnes publiques et personnes privées.

2.1.3.3 Entreprise Public

Ce sont des entreprises possédées, gérées et/ou contrôlées directement ou indirectement par l'État. L'ensemble des entreprises publiques forme le secteur public.

2.1.4 Fonction de l'entreprise

2.1.4.1 La Fonction Approvisionnement

Cette fonction est chargée de procurer les matières premières et composantes nécessaires à la production. Les composants devraient livrer dans les délais et conforment en qualité et en quantité au cahier des charges de l'entreprise.

2.1.4.2 La Fonction Production

Il s'agit de l'ensemble des activités permettant de transformer les matières premières et composantes en produits, vendus aux clients.

2.1.4.3 La Fonction Comptabilité et Financière

Les activités de cette fonction vivent de :

– Donner des informations sur la situation financière

– Aider à la décision avec les données économiques

– Utiliser au mieux les ressources financières disponibles

– Obtenir les capitaux pour le développement de l'entreprise.

2.1.4.4 La fonction Personnel (GRH)

L'entreprise doit disposer du personnel nécessaire à son bon fonctionnement et faire en sorte qu'il fasse de son milieu pour améliorer la performance de l'organisation, tout en s'épanouissant.

2.1.4.5 La Fonction Marketing et Vente

Les activités de cette fonction permettent à l'entreprise :

– De comprendre les attentes des consommateurs et la situation du marché

– D'influencer le comportement des consommateurs dans le même sens que les objectifs de l'entreprise.

2.1.4.6 La Fonction Recherche et Développement

C'est l'ensemble des étapes permettant de passer du laboratoire de recherche à la production industrielle en usine. Cette fonction développe des innovations (applications industrielles et commerciales d'une découverte ou d'une invention).

2.1.4.7 La fonction de Logistique

Cette fonction doit optimiser les flux physiques et informationnels de l'entreprise (gestion des flux en provenance des fournisseurs, des stocks, des flux informationnels, stockage des produits, transport vers les distributeurs et les clients).

2.1.4.8 La fonction de direction et Administration générale

Cette fonction définit les objectifs, prévoit et choisit les actions à réaliser, contrôle la réalisation des actions et prend des mesures correctives si cela est nécessaire[8].

2.1.5 Les formes juridiques les plus courantes

2.1.5.1 Entreprise individuelle

Entreprise qui demeure pour propriétaire une seule personne ou personne unique.

Sur le plan comptable

Les activités de l'entreprise sont traitées et comptabilisées séparément de sa propriété.

Sur le plan juridique

Les biens du propriétaire considéré comme des biens de l'entreprise

Avantage de l'entreprise individuelle
- Pas de partage des profits
- Faible coût de démarrage
- Satisfaction personnelle
- Avantage fiscal pour le propriétaire

---

[8] *Source :* *https://www.digischool.fr/cours/les-differentes-fonctions-d'une-entreprise*

47

- Libre de prendre des décisions

Inconvénient de l'entreprise individuelle
- Responsabilité illimitée
- Manque de continuité en l'absence du propriétaire
- Risque de l'entreprise non partagé

2.1.5.2 Société en nom collectif

Est une association de deux ou plusieurs personnes de faire pour but une raison sociale.

Sur le plan comptable

Les activités de l'entreprise sont traitées séparément de celle des associés

Sur le plan juridique

La responsabilité conjointe, solidaire, et illimitée

Avantage de la SNC
- La motivation des associés est très élevée
- Plus facile d'obtenir des capitaux
- Marge de manœuvre plus grande des associés

Inconvénient
- Possibilité de développer des conflits d'intérêts énormes
- Durée limite (10 ans)
- La responsabilité conjointe, solidaire et illimitée
- Dissolution de la société par le décès d'un membre

2.1.5.3 Société Anonyme

C'est une société par actions dans laquelle la responsabilité de chacun des associés est limite montant des actions qu'il détient. Une société anonyme peut avoir plusieurs types d'action, comme : l'action ordinaire, l'action privilégiée et la certification d'investissement.

Avantage de la SA

- Le plus gros montant des capitaux peut être rassemblé
- Recherche de capitaux plus facile
- Transfert de propriété possible
- Responsabilité limitée
- Gestion spécialisée, existence perpétuelle

Inconvénient de la SA
L'État exerce un pouvoir de contrôle et de supervision, financier

2.1.5.3.1 Les Types d'actions

1- Action ordinaire
C'est la forme la plus courante, on les achète si votre objectif focalise uniquement la réalisation des gains en capital

2- Action privilégié
S'adresse aux personnes qui veulent un revenu régulier

3- Certificat d'investissement
Les certificats d'investissement sont considérés comme des titres qui peuvent être émis par des sociétés de capitaux qui ne considèrent pas

des actions. Les titulaires bénéficient des mêmes droits pécuniaires que les actionnaires ordinaires, en revanche ces certificats sont dépourvus du droit de vote (Dictionnaire du droit privé).

Avantage de l'action ordinaire
- Droit au dividende
- Droit de vote
- Droit de propriété sur l'actif (si celle-ci est dissoute)

Inconvénient de l'action ordinaire
Le dividende n'est jamais garanti, mais il peut varier en fonction des bénéfices. L'actionnaire ordinaire peut recevoir un dividende, mais seulement après versement du dividende aux actionnaires privilégiées. L'actionnaire ordinaire est le dernier à recevoir sa part de l'actif de la société en cas de liquidation, il prend rang après les créanciers, les détenteurs de titres d'emprunt et les actionnaires privilégiés.

En cas de faillit les détenteurs d'action ordinaire seront rembourse en dernier (après créditeur et privilégier)

Avantage de l'action privilégiée
Dividende fixe et garanti, établie au moment où l'action et émise et verse avant le dividende sur l'action ordinaire

Inconvénient de l'action privilégiée
Il ne comporte pas généralement le droit de vote

2.1.5.4 Société en commandite simple

La société en commandite simple regroupe deux types d'associés ; le commandité et le commanditaire.

Le commandité

Le commandité obtient un statut de commerçant, il est responsable de manière solidaire et indéfinie des dettes de la société. Il est responsable de façon illimité sur les dettes. Il contrôle la direction et la gestion de l'entreprise. Ce sont les seules personnes autorisées à administrer et à représenter la société.

Le commanditaire

La responsabilité du commanditaire est limitée au montant de son apport en capital social de l'entreprise. Ils fournissent uniquement un rapport en argent ou en nature sans exercer aucune forme de contrôle.

2.1.5.5 La Société à responsabilité limitée

La société à responsabilité limitée est constituée par une ou plusieurs personnes. C'est — à — dire qu'un individu peut créer une SARL dont il est le seul membre. Ils peuvent composer de 2 à 100 personnes.

2.1.5.6 Les coopératives

La coopérative répond donc en tout premier lieu à un besoin commun exprimé par ses membres, soit les personnes qui utilisent ses services ou ses produits. Ce besoin peut être de nature économique, sociale ou culturelle (Johanne Turbide et Al). C'est une association de personnes volontairement réunies pour satisfaire un besoin.

Il est composé de l'**avoir** et de **Part sociale.**

L'avoir représenté les capitaux de l'entreprise et il désigne l'excédent de l'actif sur le passif. Avoir = Actif — Passif

Part social : Le dictionnaire de la comptabilité définit une part sociale comme intérêt qu'un sociétaire possède dans une coopérative.

Les Types d'entreprises coopératives

Chaque type de coopérative possède un Objectif propre à lui-même et il évolue dans **un secteur d'activité**

La coopérative de consommateurs
Fournir des biens et services aux membres pour leur usage personnel. Son secteur d'activité se trouve généralement dans : L'alimentation, habitation, biens et services en milieu scolaire, Câblodistribution, services funéraires

La coopérative de producteurs

Les coopératives des producteurs regroupent un ensemble des personnes physiques et morales pour mettre en place un réseau efficace et pour favoriser des services nécessaires à l'exercice de leur profession. Ils sont souvent intégrés : l'industrie agroalimentaire, Taxi, Services professionnels.

La coopérative de travail

Les types de coopératives de travail permettent aux travailleurs d'être à la fois propriétaires et employés, de contrôler l'ensemble des activités et de prendre part à la gestion de l'entreprise. Ces coopératives investir dans : L'aménagement forestier, Transformation du bois, Services aux entreprises, nouvelles technologies de l'information, Services ambulanciers

La coopérative de travailleurs actionnaires

Les coopératives des travailleurs actionnaires permettent aux membres de participer à la réalisation des objectifs de l'entreprise et proposer de nouvelles idées, de même assurer une relève aux propriétaires. Ils sont généralement dans : La fabrication, l'informatique et Multimédia.

La coopérative de solidarité

Les coopératives de solidarité regroupent de façon efficace des travailleurs et utilisateurs ayant à cœur une même cause ou des intérêts communs. Elle fait son intervention dans le secteur : Services d'aide à domicile, Services professionnels, Services aux entreprises[9].

Les critères pour choisir une forme juridique

Le choix de la forme juridique pour une entreprise dépend de plusieurs critères, notamment :

1— Responsabilité

Voulez-vous être personnellement responsable des dettes de l'entreprise, ou préférez-vous limiter cette responsabilité en optant pour une structure comme une société à responsabilité limitée (SARL) ? Chaque forme juridique à donner à l'entrepreneur une sorte de responsabilité différente. Avant de choisir une forme juridique, vous devez évaluer le niveau d'engagement demandé par le propriétaire de l'entreprise par rapport à vos temps disponibles pour l'entreprise. Dans certains types d'entreprise le propriétaire a une responsabilité illimitée dans les dettes tandis que dans d'autres il est limite face au risque de non-paiement. Chaque fois vos responsabilités sont plus conjointes et illimitées, vous devez donner plus de temps à l'entreprise.

---

[9] Source : Les différentes formes juridiques des entreprises [1] par Johanne Turbide et al [2].

2— Capital

Quel est le montant de capital dont vous avez besoin pour démarrer l'entreprise ? Certaines formes juridiques, comme la société anonyme (SA), exigent un capital minimum. La quantité d'agents qui sont à votre disponibilité peut vous limiter dans le choix d'un statut juridique. Lorsqu'on veut choisir un statut juridique, il est important de regarder s'il n'existe pas un capital minimum ou maximum pour l'intégrer.

3— Nombre d'associés

Combien de personnes participeront à la création et à la gestion de l'entreprise ? Les structures comme la société en nom collectif (SNC) conviennent aux partenariats restreints, tandis que d'autres types de statut peuvent être plus flexibles. Pour ajouter une entreprise en bourse, il y a un nombre d'associés qui doive être acceptable.

4— Fiscalité

Chaque forme juridique possède sa propre méthode d'imposition. Une entreprise individuelle n'est pas imposée de la même avec une société. Comment souhaitez-vous être imposé ? Certaines formes juridiques offrent des avantages fiscaux, tandis que d'autres peuvent entraîner une double imposition. Le mode d'imposition est lié aussi avec la zone qui vous souhaite implanter l'entreprise et le secteur d'activité.

5— Formalités administratives

La formalité administrative c'est l'ensemble des obligations pour la validité de certains actes administratifs. Avant de vous lancer dans le choix d'un statut, vous devez savoir les formalités administratives. C'est-à-dire quel niveau de complexité administrative êtes-vous prêt à gérer ? Certaines structures nécessitent plus de formalités et de coûts que d'autres.

6— Objectifs à long terme

Certains types d'entreprise ont un durer de vie par rapport au statut choisir. Vous pouvez avoir un objectif à long terme pourtant certain statuts ont un durer vie limite. Puis il y a quelqu'un qui est lié à l'existence d'un propriétaire. Quels sont vos objectifs de croissance et de développement pour l'entreprise ? Certaines structures juridiques sont mieux adaptées à l'expansion.

7— Réglementations sectorielles

Certains secteurs d'activité ont des exigences spécifiques en matière de structure juridique. Il est important de vérifier les réglementations locales. Par exemple, il est interdit d'exercer une activité d'assurance en SNC, et entreprise individuelle. Ainsi que les entreprises de capitalisation et d'épargne ont des normes respectives au choix de la forme juridique.

Les parties prenantes internes de l'entreprise	
La direction de l'entreprise	C'est l'organe qui règle le fonctionnement de la compagnie. Les préférences des dirigeants déterminent les objectifs, l'organisation, la politique et la stratégie de l'entreprise.
Les cadres	Ce sont les membres de l'entreprise qui se trouvent entre les salariés de base et la direction. Ils exercent des tâches qui font appel à la réflexion et qui nécessitent des connaissances de haut niveau.
Les salariés de base (les ouvriers)	Ils exécutent les tâches simples et routinières de l'entreprise.

Les parties prenantes externes de l'entreprise	
Les actionnaires	Ce sont des personnes physiques ou morales qui participent au capital de l'entreprise soit en nature ou en argent (numéraire).
Les clients	Ce sont des personnes physiques ou morales qui achètent les biens et les services produits par l'entreprise.
Les fournis-	Ce sont ceux qui fournissent à l'entreprise les

seurs	biens et les services nécessaires à son activité (matière première…).
Les Banquiers	Ce sont des intermédiaires financiers indispensables pour l'activité de L'entreprise. Ils présentent un lieu de dépôt (fonds) et un moyen de financement, à travers les emprunts.
Les pouvoirs publics	Ils sont chargés de faire respecter l'intérêt général du pays en imposant certaines règles et contraintes à travers la loi et les formalités administratives.
Les syndicats	Ce sont les représentants des employés auprès de la direction générale. Leur rôle est de défendre les intérêts des salariés et de leur assurer le maximum d'avantages[10].

---

[10] Source : Université de Sousse-Tunisie, Cours intégré de l'Économie d'Entreprise, Abderraouf MTIRAOUI

CHAPITRE 3

3. LE LEADERSHIP EN ENTREPRISE

Le leadership en entreprise est la capacité de définir clairement une vision et de motiver une équipe à la réaliser. Il s'agit de la capacité d'une personne à guider, inspirer et influencer les membres de son équipe pour atteindre les objectifs de l'entreprise. Le leadership est un parcours d'apprentissage tout au long de la vie. C'est ce qui devrait vous permettre de découvrir qui vous êtes, le monde autour de vous et les personnes que vous rencontrez. Pour le découvrir, vous devez rester à toutes les opportunités d'apprendre, considérer les défis comme des portes sur les apprentissages et voir la vie comme une opportunité d'expérimenter, de réfléchir, d'apprendre et d'agir[11].

Il existe des styles de leadership traditionnels {autoritaire, participatif, délégatif, directif, démocratique} et les styles modernes {transformationnel, transactionnel, collaboratif, visionnaire, coaching et chef de file}. Pour choisir le bon style de leadership en fonction

---

[11] Documentation de l'AMGE sur le Leadership — cloudfront.net
https://duz92c7qaoni3.cloudfront.net/documents/Resources_understanding_leadership_FR_print_2.pdf

d'une situation donnée, il est nécessaire de se pencher sur l'aspect humain en cernant parfaitement l'équipe concernée[12]. Le leader on la capacité de prendre des décisions sur les parties internes pour influencer et tirer profit dans les parties externes de l'entreprise. Il est la personne qui peuvent en voix les risques, les analyses et de prendre les décisions adéquates. La prise de bonne décision est l'un des éléments qui permettent d'assurer la survie d'un organisme.

3.1 Vision et orientation stratégique

Un leader doit avoir une vision claire de l'avenir de l'entreprise et être capable de définir une stratégie pour atteindre cette vision. On ne peut pas diriger une entreprise sans avoir une vision. La vision est une projection dans la future, une perception sur ce qu'on veut atteindre. Le leader c'est la personne qui on la feuille de route de l'entreprise avant même le lancement et tout au long du projet. Dans le livre de Joël, Dieu a donné au jeune la capacité d'avoir des visions[13]. De plus, l'orientation stratégique est la manière dont le leader utilise sa vision pour la rendre opérationnelle. La stratégie c'est le chemin que vous devez parcouru pour atteindre les objectifs de l'entreprise. Le leader doit mener des stratégies pour répondre à l'obligation de la production ainsi que la gestion des personnels et autre pour atteindre l'objectif final de l'entreprise.

---

[12] Les styles de leadership : comment s'adapter pour atteindre ses objectifs ; https://www.ai/fr/blog/styles-de-leadership
[13] Joël chapitre 2 : 28

3.2   La créativité

La créativité est la faculté d'inventer de nouvelles idées ou de nouvelles choses. Elle est une capacité primordiale pour assurer la maturité de l'entreprise. Dans une entreprise, on a toujours besoin de nouvelles idées de l'innovation pour faire face aux risques concurrentiels du marché. La créativité est le moteur de l'innovation. La créativité doit être un exercice continu durant toute l'existence de l'entreprise. Il y avait des entreprises qui étaient le Leader du marché mais dans un temps donné il a décliné. Ces entreprises font faillite à cause l'absence de la créativité continuelle. C'est le cas de Nokia et Black-Berry, ces deux entreprises étaient le Leader du marché de la communication (Téléphone). Mais à un moment donné, ses deux entreprises ont connu un déclin énorme.

3.3 Communication efficace

 En tant que leaders vous devez être capables d'expliquer clairement vos idées, votre objectif, les attentes et les valeurs de l'entreprise. Selon James, Humes « L'art de la communication est le langage du leadership. Si vous voulez être un leader, vous devez être un présentateur qui établit un lien avec le public et délivre un message mémorable ». Il est important d'avoir une vue d'ensemble et communique clairement cette large perspective aux autres. En agissant ainsi, les leaders créent un objectif commun qui mobilise les personnes et conjugue leurs efforts dans une entreprise unique et cohérente[14]. Une meilleure communication permettre aux équipes de l'entreprise de susciter un sentiment d'appartenance et une vision collective. Cette vision collective peut inciter les membres de l'entreprise à travailler davantage pour l'opérationnalisation des objectifs. La manière dont vous utilisez pour communiquer peut susciter l'intérêt chez toute l'équipe et avoir les mêmes engouements pour atteindre la vision.

3.4   L'enthousiasme

L'enthousiasme se définit comme une émotion extraordinaire de l'âme et qui excite à des actes de courage et de dévouement. En cultivant l'enthousiasme au travail, les entreprises peuvent non seulement améliorer l'efficience et les résultats, mais aussi créer un environnement ou les employés se sentent valorisés, épanouis et motivés[15]. L'enthousiasme c'est un sentiment de joie, d'humour et d'émotion positive que le leader se partage avec l'équipe qu'il dirige. Dale Carnegie disait : « Un sourire ne coute rien mais il crée beaucoup. Il enrichit celui qui le reçoit sans appauvrir celui qui le donne. Il ne dure qu'un instant mais son souvenir peut durer toute une vie ». Un leader qui dirige une équipe avec de la joie peut obtenir plus de résultats. Un leader qui possède de l'enthousiasme peut deve-

---

[14] Les principes fondamentaux du leadership

[15] Madda Lena, Réveiller l'enthousiasme au travail : une clé pour la productivité et l'épanouissement professionnel, https://www.lelabocoworking.com/reveiller-l'enthousiasme-au-travail-une-cle-pour-la-productivite

nir charismatique. Et le charisme c'est lorsqu'on est capable de susciter l'adhésion et la fascination d'un grand nombre de personnes.

3.5   Motivation

La motivation c'est le désir de réaliser quelque chose. Le leader doit être très lui-même motivé pour réaliser la vision. Il doit également prendre une certaine disposition pour inciter l'équipe à participer dans la réalisation de leur stratégie.

Les leaders doivent inspirer et motiver leur équipe. La motivation est l'un des aspects les plus importants pour arriver à un but fixé. On peut avoir la plus grande vision du monde mais sans être motivé vous n'allez nulle part. De nombreux entrepreneurs témoignent leur point vu sur la motivation, chacun à sa propre motivation pour un objectif donné. Cependant la sollicitation de la motivation reste la même, quel que soit l'objectif de la personne. Le point commun qui existe entre ses différents entrepreneurs c'est le désir d'accomplissement, le désir d'aller vers l'avant, le désir de réussir leur projet.

3.6   La gestion de l'incertitude

L'incertitude c'est l'état d'une personne irrésolue sur ce qu'elle doit faire, ou incertaine de ce qui doit arriver. Lorsqu'un entrepreneur fait face à une situation floue, il doit être en mesure d'évaluer les risques appropriés à cette situation. La gestion de la turbulence est un facteur primordial dans la réalisation de la vision de l'entrepreneur. Les leaders doivent être capables de prendre des décisions importantes, parfois difficiles, en évaluant les informations disponibles et en tenant compte des conséquences à long terme. C'est pourquoi Dieu recommande aux riches du présent siècle de ne pas être orgueilleux, et de ne pas mettre leur espérance dans des **richesses incertaines**, mais de la mettre en Dieu… Et il leur recommande d'être riches en bonnes œuvres, d'avoir de la libéralité, et de la générosité (1 Timothée 6 ; 17-18). C'est intéressant, parce que, dans ce verset, Paul en appelle à la façon de penser d'un investisseur. Il parle des privilégiés et il leur dit : « Vous avez été riches, c'est bien, mais soyez riches de la bonne richesse. Investissez dans ce qui rapporte au long terme. » Avant d'investir dans un projet dont vous ne maitrisez pas trop bien, vous devez analyser les risques qui sont liés à ce projet. Parce qu'un entrepreneur formé à prendre des risques calcule.

3.7   Gestion du changement

La gestion du changement est une approche structurée qui permet aux entreprises de s'adapter aux nouvelles réalités d'affaires et d'en tirer parti. Les leaders doivent commencer par évaluer quels sont les changements nécessaires, leur ampleur et leur importance pour l'organisation. Vous pouvez, par exemple, examiner les écarts entre l'offre de votre entreprise et les demandes du marché. C'est le cas du principe de la dynamicité du marché[16]. Un leader ne peut pas avoir un

---

[16] Banque de développement du Canada, La gestion du changement, consulté le 30 octobre 2023, https://www.bdc.ca/fr/articles-outils/boite-outils-

comportement statique sur le marché. Il doit être en mesure de résister face aux changements. Puisque le monde des affaires est en constante évolution. Les leaders doivent être capables de gérer efficacement la variation, de s'adapter aux nouvelles réalités et d'encourager l'innovation. Vous ne devez pas abandonner lorsqu'il y a un bouleversement. Mais examinez de préférence les différentes stratégies qui peuvent adapter à lui quels soit interne ou externe. Vous devez par exemple prévoir les conflits au sein de l'équipe qui peuvent se produire. Les leaders doivent être en mesure de les diriger de manière constructive et de favoriser la résolution de problèmes.

3.8 La gestion du temps

. Selon Hermel la gestion du temps consiste à se doter des moyens et outils permettant de mieux connaitre l'emploi de son temps afin d'en faire un meilleur usage. Le but de l'économie du temps est d'être en harmonie avec ses objectifs et ses priorités de vie. Pour bien gérer le temps, vous devez apprendre à bien répartir vos activités dans la journée selon votre propre rythme et votre énergie d'après le principe d'alternance (Lois de l'Ecclésiaste, chapitre 3). Plus vous faites une

---

entrepreneur/gabarits-documents-guides-affaires/glossaire/gestion-change-ment#:~:text=La%20gestion%20du%20changement%20est,demandes%20d'un%20nouveau%20march%C3%A9.

bonne gestion du temps, plus l'entreprise a la possibilité de répondre aux attentes de la clientèle.

3.9 La négociation

Pour parvenir à de bons accords très bénéfiques pour une entreprise, vous devez maitriser l'art de la négociation. La négociation est un art, l'art de discuter, de prendre de mesures pour conclure un accord. C'est un processus interactif entre deux ou plusieurs négociateurs et négociatrices. Le but de la négociation est de trouver un terrain d'entente en trouvant chacun ses propres intérêts.

3.10 L'écoute active

Savoir écouter est l'une des facultés qu'un leader doit se développer. On ne peut pas comprendre l'opinion d'un individu sans avoir l'écoute. Et une bonne écoute n'est pas seulement entendre ce que les gens disent mais aussi avoir une attention spéciale avec les gestes qu'ils font. Dale Carnegie disait : si vous tenez à ce que votre conversation soit appréciée, sachez écouter. Lorsqu'on veut bien diriger un groupe de personnes, vous devez être attentif à eux. Pour qu'on puisse les comprendre et agir en sa faveur. Le savoir entendre va beaucoup plus loin que l'interaction entre les membres de l'équipe dont vous diriger. L'écoute entre aussi dans la spiritualité. C'est la raison pour laquelle Dieu parle toujours au leader. Dans l'Exode 18 : 19-20 Dieu dit : « Maintenant, écoute ma voix ; je vais te donner un conseil, et que Dieu soit avec toi ! Sois l'interprète du peuple auprès de Dieu, et porte les affaires devant Dieu. Enseigne-leur les ordonnances et les lois ; et fais-leur connaitre le chemin qu'ils doivent suivre, et ce qu'ils doivent faire ». Le leader doit d'abord savoir écouter son intuition.

3.11 La prise de décision

Une décision c'est un résultat final. La prise de décision a un impact direct et indirect sur une entreprise. L'impact peut être positif ou négatif. Vous devez mettre en place d'une certaine diapositive avant de prendre une décision. Un leader est celui qui peut prendre de bonnes décisions au sein d'une entreprise. Les décisions doivent avoir un rapport avec votre objectif et vos visions. Qu'elle soit avec votre clientèle, fournisseur, banquier et autre partie prenante de l'entreprise.

3.12 Bonne réputation

En tant que Leader vous devez avoir une bonne réputation dans votre communauté. Une bonne réputation dépend de votre comportement et de votre attitude vis-à-vis votre entourage. Ce n'est pas à vous qui devrez te qualifier d'une bonne réputation mais le feed-back de votre communauté. Cela arrive lorsque vous cultivez l'**honnêteté,** la **discipline** et l'**intégrité**. Une personne intègre dit ce qu'elle pense, fait ce qu'elle dit et ce qu'elle fait est juste, en public ou en privé (Henri M. Dorléans). Les potentiels clients sont devenir des clients fidèles dans votre entreprise par rapport au respect que vous la donner. C'est la mise en pratique d'une certaine vertu qui garantit votre réputation et la réputation de votre entreprise.

3.13 Résoudre les conflits

Dans une communauté ou une équipe il y a toujours des idées diver-
geant, et ses différentes idées opposées peuvent souvent créer des
désaccords dans une équipe, c'est là l'intervention du leader est cruciale. C'est le leader qui doit intervenir pour résoudre les conflits
entre les membres de l'équipe. Un leader doit avoir la capacité de
résoudre des conflits. Selon Julien Godefroy : « Une gestion efficace
des conflits présente de nombreux avantages. Elle améliore les relations en favorisant le respect et la compréhension mutuelle. De plus,
elle permet une communication ouverte et transparente, renforçant
ainsi la dynamique d'équipe et la collaboration ».

CHAPITRE 4

4. L'élaboration d'une idée d'entreprise

« Avoir une bonne idée est à la portée de tous. Mais l'opérationnaliser est le fait de quelques-uns »

4.1 La genèse de l'idée

Une idée d'entreprise est une notion, un concept ou une proposition qui définit la base de ce que l'entreprise envisage d'offrir sur le marché. L'humanité est construite à partie d'une idée. C'est à partie de cela que nous a donné de la naissance, Dieu dit faisons l'homme a notre image et notre ressemblance, et qu'il domine sur les poissons de la mer, sur les oiseaux du ciel, sur les bétails, sur toute la terre, et sur tous les reptiles qui rampent sur la terre (Genèse 1 : 26). Ce verset nous monte comment devons-nous formuler une idée précise. Avant même l'homme l'apparu sur la terre, Dieu à prévoir **comment** l'homme serait et **où** il va s'accomplir. La meilleure c'est celui qui peut obéir à la règle QQOQCCP. Pour une idée soit bien formuler, on doit illustrer un ensemble de points. Vous devez développer une idée avant même de créer un plan d'affaires. Voici quelques étapes a considéré dans le développement d'une idée :

4.2   Identification de l'idée

L'identification d'un besoin est la première étape de la création d'une entreprise. On peut identifier un besoin ou une opportunité selon plusieurs phases. Toutes les étapes qu'on peut découvrir une idée sont complémentaire c'est-à-dire l'une doit s'ajouter à l'autre pour la rendre entière. Ils sont des éléments indispensables dans la réalisation d'un projet. Une idée d'entreprise peuvent retrouver a partie de l'observation, de l'inspiration, d'un questionnement, d'un besoin et par rapport à un désir d'entreprendre. L'un ne marche pas sans l'autre, dès le début du projet et sur tout l'enchainement de la réalisation. Il est un processus qu'on doit mettre en place pendant et durant tout le cycle de l'entreprise. Toutes ces étapes doivent être combinées pour assurer la survie d'un projet d'entreprise puisque le monde ne reste pas statique. Ces différents éléments que le créateur devrait mettre en place pour lancer l'entreprise restent et demeure des outils indispensables pour l'entrepris tout au long de l'existence de l'entreprise.

4.2.1 Observation

L'observation est une forme d'accumulation et de collection d'informations sur un phénomène ou un objet. Il est l'une des techniques qui permettent de voir un problème ou une opportunité à exploiter. Le roi d'Israël envoya des gens, pour s'y tenir en **observation**, vers le lieu que lui avait mentionné et signalé l'homme de Dieu. Cela n'arriva non pas une fois ni deux fois (2 Rois 6 : 10).

L'identification des besoins requiert un très bon sens de l'observation. Demander aux gens quels sont leurs besoins ne suffit pas, observer la manière dont ils se comportent. Selon une étude plus des deux tiers des Français se déclarent prêts à acheter des médicaments génériques, alors qu'ils ne sont qu'un tiers à le faire réellement. Cela montre que les études de marché traditionnelles peuvent donner des résultats trompeurs. Pour mieux comprendre nos clients, nous devons prendre le temps de les observer dans leur environnement, c'est-à-dire la façon dont ses gens en train d'utiliser le produit ou le service.

4.2.2 Inspiration

L'inspiration est un acte de stimulation de l'intellect, des émotions et la créativité. Il est la manière dont les concepteurs arrivent à découvrir des idées créatives. Il est un art pour les créateurs d'entreprise, puisqu'ils apportent souvent des idées nouvelles. La méthode par laquelle on peut trouver une chose qui n'existerait pas auparavant et qui, parfois des idées originales ou modernes.

4.2.3 Questionnement

Le questionnement est le fait de poser un ensemble de questions. Le questionnement est l'une des techniques à travers lesquelles un entrepreneur peut trouver des idées d'entreprise. On peut trouver une opportunité à partie d'une problématique, qu'elle soit sur le plan personnel ou collectif. J'ai appris que tu peux donner des explications et résoudre des **questions difficiles ;** maintenant, si tu peux lire cette écriture et m'en donner l'explication, tu seras revêtu de pourpre (Daniel 5 : 16). La faculté de résoudre des questions difficiles fait partie des caractéristiques d'un entrepreneur. Un entrepreneur c'est une personne qui remet toujours en question. Il lui pose toujours des questions. Il donne à lui d'une certaine habilité pour trouver la meilleure idée ainsi que les parcours qu'il doit suivre pour la concrétiser. La questiologie c'est l'art de poser de bonnes questions (Formateur Frédéric Falisse). Le fait de poser de bonnes interrogations dans la vie sociale, politique, économique et environnementale d'une société parvenir toujours à une certaine d'identification des besoins et non satisfaire.

4.2.4 Identification d'un besoin

Le besoin est un état de manque, la privation de quelque chose qui est nécessaire.

Le modèle de Kano[17] pour la satisfaction des clients définit trois niveaux de besoins :

• **les besoins de base;** sont souvent considérés comme acquis. Ne pas les satisfaire aboutit à une indignation ;

• **les besoins de performance,** que le client a identifiés (il peut généralement les exprimer) ;

---

[17] Raphaël Cohen, concevoir et lances un projet, Édition d'organisation, 2006

• **les besoins « excitants »,** dont les clients ne sont pas conscients, souvent parce qu'ils vont au-delà des besoins de performance. Leur identification conduit généralement à la création de produits qui changent les règles du jeu (ce fut le cas des baladeurs).

4.2.5 Le Désir d'innover

Le désir d'innover est l'aspect le plus populaire de nos jours. Les différentes histoires inspirant des inventeurs et des hommes d'affaires suscitent de l'intérêt chez les jeunes à innover dans leur vie. Certaines histoires inspirantes peuvent susciter un sentiment en vous pour donner le meilleur de vous. Lorsqu'on désire de faire quelque chose de nouveau, cela peut susciter en vous toutes les caractéristiques pour la mettre en œuvre. Les nouveaux d'entrepreneur sont aussi à engager et motiver à partir d'un désir de devenir son propre patron. Il trouve ses désirs par rapport à une certaine connaissance qu'il a de l'entrepreneuriat et la création d'entreprise. On peut identifier une idée à partir d'un désir de créer quelque chose pour combler un besoin

4.3 Clarification de l'idée

La clarification est l'action de clarifier tout ce qui est lié à la réussite de votre projet. C'est la manière de prévoir comment l'idée doit être accessible avant la réalisation du plan d'affaires. L'éclaircissement d'une idée c'est de rendre plus clairs les différents aspects qui peuvent avoir un effet sur le projet. C'est-à-dire que vous devez déterminer les avantages et les inconvénients du projet. Préciser que votre idée consiste à évaluer **sa viabilité** et **sa faisabilité**. La faisabilité est la possibilité de faire quelque chose en particulier ou de réaliser un projet. La viabilité d'une idée c'est la chance qu'il avait pour aboutir aux résultats escomptés. C'est important de prouver que votre idée peut répondre réellement à un besoin, c'est-à-dire de préciser sa proposition de valeur et de spécifier la solution qu'apportée dans vos projets.

4.4 Testez l'idée

Tester une idée consiste à réaliser un ensemble des opérations pour vérifier les propriétés réelles du produit ou le service avant de se lancer. C'est déterminer aussi si les **ressources nécessaires** pour la concrétisation de ce projet (matériel, financier, humaine, informationnelle, technologique.). Vous devez déterminer quelles sont les ressources disponibles et insuffisantes pour la réalisation du projet. C'est-à-dire lorsque vous testez une idée, vous devez être capable de répondre à ses 5 questions :

— Quelles sont les ressources matérielles nécessaires et disponibles ?

— Quelles sont les ressources financières nécessaires et disponibles ?

— Quelles sont les ressources humaines nécessaires et disponibles ?

— Quelles sont les ressources informationnelles nécessaires et disponibles ?

— Quelles sont les ressources technologiques nécessaires et disponibles ?

On peut trouver ses informations à partir des différentes méthodes comme la recherche documentaire, le brainstorming, les commentaires sur les médias traditionnels et les réseaux sociaux

4.5 La précision

C'est à travers la formulation de la précision de l'idée que le projet d'entreprise serait plus accessible. C'est la précision qui vous permet de voir quel type d'action que va mettre en place, le plan d'action nécessaire. Il est aussi une forme de démonstration de votre idée. Cela peut vous aider à visualiser tous les facteurs clés à utiliser pour la rendre beaucoup plus opérationnelle. Et comment cela se fonctionne-t-il dans la réalité. Pour préciser une idée d'entreprise, on doit être en mesure de donner des explications de manière qualitative et quantitative. C'est essentiel de répondre à ses différentes questions QQOQCCP (Quoi ? Qui ? Où ? Quand ? Comment ?   Combien ? Pourquoi ?). Répondre de façon claire et cohérente.

Quoi ?

Quel est l'objectif ? Qu'est-ce que vous voulez réaliser ?

Qui ?

Qui est concerné ? Qui va le réaliser ? Avec qui souhaitez-vous collaborer ?

Où ?

Où va le réaliser ? Où va-t-il se localiser ? Où se trouvent vos clients potentiels et cibles ?

Quand ?

Quels sont les délais nécessaires ? Quelle est la date de lancement ou la date d'exécution ?

Comment ?

De quelle manière allez-vous aboutir au projet ? Quels sont les moyens nécessaires et disponibles pour la réaliser ? Comment allez-vous mobiliser les ressources ?

Combien ?

Quel est le montant nécessaire et disponible ? Combien de temps ? Quelle est la quantité de personnes nécessaire et disponible ? Le nombre de matériels nécessaire et disponible ?

Pourquoi ?

Pourquoi voulez-vous ce projet ? En quoi est-il important ? Quels sont vos objectifs ? Quelles sont les causes ? À quelle contrainte répond-il?

CHAPITRE 5

5. Bien faire une étude de marché

L'étude de marché revêt une importance cruciale pour les entreprises de toutes tailles et dans tous les secteurs. C'est une étape importante en création et la reprise d'entreprise. C'est un outil qui vous permet de connaitre mieux vos potentiels clients et votre concurrence avant de lancer sur un marché. Avant de lancer un nouveau produit sur un marché, c'est essentiel de connaitre les besoins réels de vos clients cibles.

5.1 L'importance de l'étude de marché

Validation de l'idée

– Une étude de marché peut valider ou remettre en question une idée commerciale. Réduction des risques

Compréhension du Marché

– L'étude de marché permet aux entreprises de mieux comprendre leur marché cible, y compris les besoins, les préférences, les comportements d'achat et les tendances

Ciblage précis

– L'étude de marché aide à définir avec précision le public cible, ce qui permet de concentrer les ressources marketing sur les personnes les plus susceptibles d'acheter.

Développement de produits/Services

– Les commentaires des clients potentiels peuvent orienter le développement de produits ou services en identifiant les fonctions ou les améliorations nécessaires.

Concurrence

– En analysant la concurrence, une entreprise peut déterminer comment se positionner sur le marché et identifier les opportunités de se différencier

Planification budgétaire

– Une étude de marché solide permet d'établir un budget réaliste en anticipant les coûts de marketing, de distribution et de production

Évaluation des performances

– Une fois lancée, une entreprise peut utiliser les données de l'étude de marché comme point de référence pour évaluer ses performances et apporter des ajustements si nécessaire.

Innovation

– L'étude de marché encourage l'innovation en identifiant les lacunes sur le marché et en proposant de nouvelles idées pour y répondre.

Prise de décision

– Les données de l'étude de marché fournissent une base solide pour la prise de décision, que ce soit pour l'expansion, la diversification ou d'autres initiatives stratégiques.

Analyse des risques

– L'étude de marché permet d'identifier les risques, tels que la concurrence intense ou le manque de demande, ce qui permet de prendre des décisions éclairées pour atténuer ces risques.

Soutien aux investisseurs et aux prêteurs

– Les investisseurs et investisseuses et les prêteurs et prêteuses demandent souvent une analyse de marché solide pour évaluer la viabilité d'un projet ou d'une entreprise.

5.2 Définir l'objectif de l'étude

Avant de collecter des données dans le cas d'une étude de marché, vous devez définir l'objectif de la recherche. Vous devez formuler un problème de recherche et d'élaborer une hypothèse. Un problème de recherche a un écart conscient entre ce que nous savons et ce que nous devons savoir. L'hypothèse c'est une réponse provisoire à la question au préalable posée. En effet, c'est important de préciser clairement quelle information vous irez rechercher. Par exemple, comprendre le marché existant, évaluer la demande pour votre produit, identifier les concurrents ou segmenter votre potentiel client. L'objectif de l'étude doit être spécifique, mesurable, atteignable et temporel. Lorsque les objectifs d'une étude sont bien définis, il facilite le chercheur à obtenir des informations plus pertinentes et avec rapidité.

5.3 Identifiez le public cible et la concurrence

5.3.1 Public cible

Il est essentiel d'établir la segmentation de vos clients pour cibler les groupes spécifiques. Votre cible n'est pas souvent l'ensemble des personnes/entreprises qui ont le besoin auquel votre service peut satisfaire. Mais un groupe homogène de personnes ou d'entreprises qui ont des besoins identiques, que vous pouvez servir. En passant par le même canal de distribution, qui sera sensible à la même communication, qui acceptera de payer le même prix et avec lequel vous aurez le même type de relations[18]. Puis vous devez définir les caractéristiques

---

[18] Natalie CARRE, L'étude de votre marche : vos clients et vos concurrents, février 2015

de vos clients c'est-à-dire ses motivations, leurs critères d'achats, et comment elles achètent. Les motivations d'achat sont les raisons qui poussent un client à acheter un produit ou un service. Elles peuvent être émotionnelles ou rationnelles comme le besoin de confort, de nouveauté, d'orgueil, d'argent et de la sécurité. Les critères d'achats peuvent être : le prix bas et le prix en fonction de la situation, esthétique, technique de production, praticité d'accès, possibilité d'échanger, etc. Votre cible peut avoir l'habitude d'acheter sur Internet, en magasin, au marché ou à domicile. Et ils peuvent acheter en accord avec le prescripteur.

5.3.2 Concurrence

. Les concurrents ce sont les entreprises qui se confrontent sur un même marché. Il y a des concurrents directs qui sont constitués de l'ensemble des entreprises offrant un produit ou un service similaire à votre entreprise. Et aussi des concurrents indirects, ils répondent aux mêmes besoins que vous, mais ne proposent pas le même produit/service. Si vous avez des compétiteurs, il est important de trouver un positionnement différent pour vous différencier. Pour bien positionner sur un marché, vous devez faites une analyse de vos compétiteurs. Par exemple, il est essentiel d'identifier leur prix, leur stratégie de distribution, de communication, de tarification ainsi que leur force et leur faiblesse. Pour savoir ses informations, on doit les identifier et les analyser.

– En B To C

– Pour un bien de consommation courante, rendez-vous sur place : achetez le produit et testez-le. Parlez avec des clients de vos concurrents pour savoir pourquoi ils achètent chez ce concurrent, ce qui leur plaît ou pas, ce qu'ils voudraient en plus. ...

– En B To B

– Participez à des conférences, foire, salons où sont vos concurrents et faites-vous passer pour un potentiel client ou prenez contact avec eux par téléphone (tout dépend de l'activité). « Google » vos concurrents pour voir s'il y a des articles sur eux. Fouillez leur site Internet pour comprendre leur offre de service. Contactez leurs clients pour leur poser des questions[19].

5.3.3 Les prescripteurs

Les prescripteurs sont des conseillers qui prescrivent ou recommandent vos produits/services à un client. Ce sont des techniciens ou professionnels dans le domaine comme les médecins, mécaniciens, plombier, électricien, etc.

5.4 Méthode de collecte des données

Les données sont un ensemble des faits, de chiffres, d'objets, de symbole et d'évènements recueillis à partir de différentes sources. La méthode de collecte des informations est des techniques et procé-

---

[19] Ibid.

dures utilisées pour recueillir des informations à des fins de recherche. On peut collecter des informations a parties : des **observations**, des **entretiens**, des **enquêtes** et un **sondage**. La méthode de collecte se divise en deux catégories : **les méthodes primaires** de collecte des données et **les méthodes secondaires** de collecte des données. Le choix de la méthode de collecte des données dépend de la question de recherche traitée, du type de données nécessaires, ainsi que des ressources et du temps disponible[20]. De nos jours, la collecte des renseignements à devenir de plus en plus facile avec les outils technologiques. On a le **Data Analytics** ou l'analyse des données qui est un processus de collecte, de traitement et d'interprétation des données. De nombreux outils, comme le Google forme, Cobo collecte, Qlik Sense, Looker, Wufoo, Start question, Microsoft Power Automate et d'autre sont à votre disposition.

5.5   Collecter les données primaires

Les données primaires sont des informations que vous allez obtenir directement en interagissant avec votre public cible. Ces informations peuvent collecter par le biais d'une enquête, d'un sondage, d'observation, d'entretiens, de focus group de discussion, etc. Les données primaires sont rapportées par l'auteur lui-même. Cette méthode peut être divisée en deux catégories : les méthodes qualitatives

---

[20] Méthode de collecte des données Sources et exemples,
https://www.questionpro.com/blog/fr/methodes-de-collecte-de-donnees/

et les méthodes quantitatives. La technique de collecte **qualitative** explore l'attitude, l'émotion, le jugement, le comportement, l'expérience des genres. Elle essaie d'obtenir une opinion détaillée sur ce que l'auteur cherche à comprendre. Tandis que la méthode de collecte **quantitative** produit des statistiques. Pour avoir des chiffres pertinents dans le domaine. Ces méthodes sont généralement utilisées pour instituer des prévisions à long terme.

5.6 Collecter les données secondaires

Selon un article publié par question pro, les données secondaires sont celles qui ont été utilisées dans le passé. L'entrepreneur peut obtenir des indications à partir des sources de données, tant internes qu'externes, comme les informations organisationnelles, magazines, rapport sur les ventes, communiqués de presse, journaux d'entreprise et Internet. Les méthodes de collecte d'information complémentaires peuvent également faire appel à des techniques quantitatives et qualitatives. Les données secondaires sont facilement disponibles et, par conséquent, moins longues et moins coûteuses que les données primaires. Cependant, avec les méthodes de collecte de données secondaires, l'authenticité des données recueillies ne peut être vérifiée. Les méthodes de collecte de données secondaires peuvent encore faire appel à des techniques d'observation quantitatives et qualitatives.

5.7 Questionnaire d'enquête

Un questionnaire est une technique de collecte de données quantifiables qui se présente sous la forme d'une série de questions posées dans un ordre bien précis. Il permet aussi de recueillir un grand nombre de témoignages ou d'avis (Gaspard Claude, 2021). Avant de faire une enquête, on doit déterminer l'endroit, la population et la méthode d'échantillonnage. La méthode d'échantillonnage est classée en deux catégories : **aléatoire** et **non aléatoire**. L'échantillonnage aléatoire ou probabiliste c'est lorsqu'un veut le sélectionner au hasard. Chaque individu a la même probabilité d'être sélectionné pour faire partie de l'échantillon. On utilise cette méthode habituellement lorsqu'on ne connait pas la population. Dans le cas de l'échantillonnage non probabiliste, le choix de l'échantillon ne sélectionne pas au hasard. Il définit, selon des critères de faisabilité, de ressemblance à la population cible et des critères subjectifs dépendant[21] de démarche des enquêteurs et enquêtrices. Après le choix de la méthode d'échantillonnage, il est important de bien structurer vos questionnaires. Puisque pour réussir votre étude de marché, vous devez poser les questions de façon claire, compréhensible et cohérente et avoir la capacité d'analyser les réponses.

Le formulaire de questions : c'est l'instrument du questionnaire et du sondage. On le construit à l'aide de questions ouvertes et fermées basées sur l'analyse conceptuelle et en

---

21

http://fmp.um5.ac.ma/sites/fmp.um5.ac.ma/files/L%E2%80%99ECHANNAGE,pdf

suivant certaines règles pour éviter les erreurs dans la formulation et dans les choix de réponses proposés.

Les types de question dans un formulaire d'enquête	
Question fermée	Obligeant l'enquête à effectuer un choix parmi un choix par un certain nombre de réponses plausibles fournies.
Question à choix multiple	Est celle qui offre un éventail de réponses plausibles à l'enquête.
Question dicho-tomique	Le répondant doit répondre soit oui ou non, vrai ou faux
Question ouverte	Permets à la personne de donner son point de vue
Question ouverte à réponse courte	Question qui demande à l'enquête de préciser un fait ou d'indiquer une de ses particularités sans proposer de réponse.
Question à réponse élaborée	Dans ce cas ils sont libres d'élaborer son point de vue sur la question posée[22].

5.8 Analyser les données

L'analyse des données permet à l'entreprise d'obtenir des informations nécessaires sur les préférences et le comportement du public cible. Ces informations permettent à l'entreprise de choisir ses stratégies de produits et de marketing et d'augmenter aussi les chances du succès. Il permet aussi à l'entreprise de se positionner par rapport à

---

[22] *Source : Maurice Angers, Initiation pratique à la méthodologie des sciences humaines, 180 p*

ses concurrents. On peut avoir ses informations en analysant les indications à recueillir auprès des sources internes (enquête…) et externes comme l'internet et les journaux. Cependant, il est essentiel de faire un prétraitement et un nettoyage des données collecté avant de les analyser. C'est ainsi qu'on doit rassembler les données quantitatives et centralisez-les, dans une feuille de calcul. Comme l'organiser des évaluations, les classements, les réponses par « oui ou non », des sélections de questions à choix multiples et tous autres donnée. Puis, examinez toutes les renseignements qualitatifs collectés et classez-les par catégories. Par exemple : préoccupations, questions, frustrations, forces, faiblesses, recommandations. On peut aussi utiliser des outils et des logiciels d'analyse des renseignements disponibles, en fonction de vos besoins et de votre niveau d'expertise.

5.9   Les types d'analyses

Analyse descriptive :
Il est le niveau de base de l'analyse des données, et il décrit et regroupez les données. Cette étude utilise des statistiques descriptives pour résumer les caractéristiques des données, comme les moyennes, les médianes, les modes, les graphiques et les tableaux. Il permet aussi de placer le groupe semblable pour mieux comprendre ses caractéristiques.

Analyse comparative :

Comparez les données pour identifier les tendances, les différences entre les groupes de clientèle, les régions, etc. Il sert à comparer les différents groupes de votre cible de manière sociodémographique.

Analyse des préférences :

Identifiez les préférences des consommateurs, les besoins non satisfaits et les opportunités de marché.

Analyse de la concurrence :

Selon Alexis Deuwel l'analyse concurrentielle consiste à mettre en parallèle la situation d'une entreprise ou d'une future entreprise et le marché dans lequel elle se développe. Son rôle est d'analyser le poids de la concurrence directe et indirecte ainsi que sa nature. Elle doit suivre une structure bien définie et s'organise en plusieurs étapes. Étudiez les données sur la concurrence pour comprendre leur position sur le marché et leurs forces/faiblesses. Pour faire cette étude, nous pouvons utilise les 5 forces[23] de Michael Porter. Cette méthode permet ainsi de définir les opportunités et les menaces qui existent sur un marché.

---

[23] Pour Porter, La concurrence dépend des 5 forces :
-Le degré de rivalité avec les concurrents
-La menace des nouveaux intrants
-La menace des produits de substitution
-Le pouvoir de négociation des fournisseurs
-Le pouvoir de négociation des clients

Analyse prédictive :

Cette technique consiste à utiliser des données historiques pour faire des prédictions sur les résultats ou tendances futurs. Il utilise des techniques de modélisation statistique et de prévision pour identifier des modèles et des tendances qui peuvent guider la prise de décision future. Par exemple, si vous disposez de données sur les ventes passées et le comportement de la clientèle, l'analyse prédictive peut vous aider à prévoir les volumes de ventes futurs ou à identifier des opportunités de marché potentielles (Faster capital, octobre 2023).

L'analyse prescriptive :

Consiste quant à elle à combiner toutes les informations obtenues à partir des précédents tests pour déterminer quelles mesures prendre pour résoudre un problème ou prendre une décision (DataScientest).

Analyse inférentielle :

Cette technique consiste à faire des inférences et à tirer des conclusions sur une population plus large sur la base d'un échantillon plus petit[24]. Il vous permet de généraliser vos résultats et de faire des prédictions au-delà des données que vous avez collectées. Par exemple, si vous menez une enquête auprès d'un groupe spécifique de clients, une analyse inférentielle vous aidera à déterminer si les résultats peuvent être appliqués à un marché cible plus large.

---

[24] https://fastercapital.com/fr/contenu/comment-analyser-efficacement-les-donnees-d'etudes-de-marche.html

5.10 Évaluez la demande

La demande c'est la quantité de la clientèle disponible ou existante sur le marché. L'évaluation de la demande consiste à déterminer la taille du marché, la croissance potentielle, les segments de marche, les tendances de consommation, la part de marche, les freins à l'achat, etc. Par rapport au type de recherche que vous vous réalisez dans votre étude de marche, vous pouvez déterminer aussi la demande en volume, en valeur et la fréquence d'achat. Pour les déterminer, il faut répondre à un ensemble de questions. Qui achète ? Quel produit/service ? Où se localise-t-il ? Quand achète-t-il ? Comment achète-t-il ? Et combien ? Ensuite, on doit segmenter la demande en découpant le marché pour rassembler les clients qui ont des caractéristiques ou des comportements semblables. La segmentation de la demande a pour objet de classe les clients en fonction critères : géographiques, sociodémographiques, psychologiques et comportementaux.

5.11 Analysez les tendances

Après avoir évalué la demande, vous devez identifier les tendances actuelles et à venir qui pourraient affecter votre marché. C'est-à-dire étudier les évolutions technologiques des consommateurs, les réglementations. Les données précises permettent aux entreprises d'identifier les tendances du marché et d'anticiper les changements de comportement des consommateurs. En analysant des données précises, les entreprises peuvent repérer des modèles, identifier les tendances émergentes et garder une longueur d'avance sur la concurrence. Par exemple, un détaillant de mode peut utiliser des données de ventes précises combinées à des études de marché pour identifier les styles, couleurs et designs de vêtements populaires. Ces informations peuvent les aider à stocker leur inventaire en conséquence, en garantissant qu'ils répondent aux demandes des consommateurs et en maximisant le potentiel de vente. (Faster capital, novembre 2023). L'analyse des tendances permet l'entreprise de prévoir quel comportement qu'elle doit adopter dans une saison donnée ;

5.12 Le positionnement

Le positionnement stratégique c'est le rang qu'occupe une entreprise sur un marché concurrentiel. Il est aussi la façon dont l'entreprise est perçue par les consommateurs sur un marché. Pour une entreprise soit bien positionnée dans un marché concurrentiel, il doit avoir des informations sur la pratique de ses concurrents. Le positionnement de l'entreprise peut s'établir par plusieurs fonctions. Par exemple sur le plan : de la production, financière, personnel, recherche et développement, commerciale et marketing, de plus, il doit être clair, cohérent, crédible et compétitif. Une stratégie qui n'est pas compétitive ne peut pas donner une part de marche à l'entreprise. Quelque soit le domaine choisi, on a identifié environ trois stratégies de positionnement : Stratégie d'imitation, stratégie de différentions et stratégie d'innovation.

CHAPITRE 6

6. Rédaction Plan D'affaires

C'est quoi un plan d'affaires ?

Le plan d'affaires est un document qui présente la totalité d'un projet d'entreprise dans une période d'un à trois ans.

Pourquoi faire un plan d'affaires ?

Le plan d'affaires est un document stratégique pour l'entrepreneur. Il est une feuille de route qui traduit le chemin, dont le promoteur à parcourir pour atteindre l'objectif de l'entreprise. Il est un outil d'échange avec les financeurs. Il sert à :

– Montrer comment vous gagnerez de l'argent

– Démontrer la facilité et la faisabilité de votre projet

– Travailler sa stratégie commerciale

– Définir la valeur de l'entreprise

– Convaincre vos futures partenaires (banquier ou banquière, associés et associées)

– Fixer des objectifs clairs, mesurables et proposer des étapes pour les atteindre

6.1 Les différents partis du plan d'affaires

1) **Résumé**

2) **Description du projet**

3) **Le ou les promoteurs**

4) **Analyse du marché**

5) **Stratégie de marketing**

6) **Les opérations**

7) **Plan financier**

6.1.1 Résumé

6.1.1.1 La page couverture

• Nom de l'entreprise sociale ;

• Sa raison sociale ;

• Ses coordonnées complètes ;

• Le ou les titres

• La date

6.1.1.2 Le projet

– Produits/service

– Type : Création☐ Extension☐ Reprise☐

– Secteur d'activité

– Répartition de la propriété ;

– Implantation ;

– Coût et Financement du projet

6.1.2 DESCRIPTION DU PROJET

6.1.2.1 Présentation

Parler de l'origine de l'idée. Est-ce qui vous a motivé ? Pourquoi lancez-vous dans cette affaire ? Et secteur ? Les grandes lignes du projet ; La raison, La pertinence au niveau (sociale, économique, environnemental, et politique), Le Territoire à desservir.

6.1.2.2 Mission

La mission désigne ce qui justifie son existence, ce qu'elle fait exactement et comment elle le fait.

Exemple : La production d'huile Palma Christi artisanale.

6.1.2.3 Objectifs

Énumérez les objectifs à atteindre   : court terme, moyen terme, long terme. Les objectifs doivent être SMAT. Spécifique, Mesurable, Atteignable, Limite dans le temps.

6.1.2.4 Calendrier de réalisation

C'est l'ensemble des étapes de votre projet. Depuis l'élaboration du projet jusqu'à sa réalisation ou la grande ouverture.

Étape	Date
Choisir l'emplacement de l'entreprise	
Trouver le financement	
Enregistrer ou incorporer l'entreprise	
Construit ou aménagez le local	
Acheter les équipements et autres	
Engager la main-d'œuvre	
La grande ouverture de l'entreprise	

6.1.2.5 Règlementation du secteur

Déterminer les différentes lois régissant le secteur où l'entreprise évolue

– Énumérer les permissions nécessaires à l'exercice de l'activité. Les types de permis nécessaire ;   d'exploitation, construction,   De ville et norme internationales.

6.1.3 Le promoteur

6.1.3.1 Situation personnelle

– Rédigez votre profil, situation familiale, religion, Ville, vos motivations pour la création d'entreprises.

– Vos Compétence et attitude pour diriger l'entreprise

– Vos études et formations professionnel, savoir-faire, Expérience entrepreneuriales

– Qualités, points forts par rapport au projet

– Lacune (comptabilité, fiscalité, marketing,) comment allez-vous remédier ?

6.1.3.2 Bilan personnel

Le bilan personnel représente les actifs et les passifs du promoteur ou de la promotrice. Avant de lancer une entreprise, vous devez connaitre vos avoirs. Et ce que vous pouvez verser à l'entreprise.

Actif	Montant	Passif	Montant
Caisse		Capital propre	
Banque		Prêts	
Véhicules		Dettes	
Animaux			
Terrains			
Maisons et autres			
Total		**Total**	

6.1.3.3 Équipe du Projet

Si vous n'êtes pas promoteur unique dans le projet, faites une présentation de vos partenaires. Faire une brève présentation de vos partenaires ainsi que leur apport dans l'entreprise. (Taches, rôles et Compétences, adresse…)

Nom du Promoteur	Téléphone	Rôle dans l'entreprise
		Gestion des approvisionnements
		Gestion des ressources humaines
		Direction et pilotage d'entreprise

6.1.3.4   Forme juridique

Précisez sous quelle forme sera enregistrée votre entreprise. Pourquoi ? De nombreux facteurs doivent être considérés dans le choix du statut d'une entreprise.

– Chiffre d'affaires

– Risques liés au projet

– Engagement des membres

– Règlementation (permis, licences, assurances)

Les formes les plus courantes en Haïti

1— Entreprise individuelle

2— Société en nom collectif

3— Société anonyme

4— Société en commandite simple

6.1.3.5 Répartition de la société et mise de fonds

Promoteurs et promotrices	Mise de fonds en numéraire	Mise de fonds en nature	%

6.1.4 Analyse du marché

L'analyse du marché consiste à identifier les variables incontournables qui peuvent affecter votre entreprise. Les informations doivent baser sur des faits, des statistiques, des études et des opinions de spécialiste. Pour faire une analyse de marche, on peut utiliser la matrice PESTEL (politique, économique, sociale, technologie, environnement, légal) et la matrice FFOM (force, faiblesse, opportunité, m nace). Ces facteurs peuvent vous donner un aperçu sur la façon que vous allez vous positionner sur le marché.

6.1.4.1 L'analyse PESTEL

L'analyse PESTEL permet d'avoir une compréhension sur les facteurs externes qui peuvent affecter votre projet. C'est aussi une méthode qui permet d'évaluer les différentes opportunité que vous vous pouvez exploiter. Qu'elle soit sur plan politique, économique, social, technologique, environnemental et légal. Ces variables peuvent considérer comme l'ensemble des opportunités à exploiter pour un entrepreneur.

Politique	Stabilité politique, Corruption, Politique fiscale, règle concurrence, Niveau de subvention, Facilitation à la création d'entreprise
Économie	Taux d'intérêt, d'échange, Crédit, Revenu disponible, Taux d'inflation, taux de croissance
Social	Espérance de vie, Niveau d'éducation, Classe sociale, Mode de vie, Immigration, Émigration, Niveau de dépense
Technologie	Internet, Communication, Innovation, Infrastructure technologique, Conscience technologique
Environnement	Politique environnementale, Catastrophe naturelle, Pollution, Énergies renouvelables, changement climatique
Legal	Discrimination, Lois sur santé/sécurité, Autorisation, permis

6.1.4.2 Analyse SWOT ou FFOM

L'analyse FFOM est un outil incontournable non seulement pour la réalisation d'un projet, mais aussi dans la vie personnelle. La force désigne les domaines dans lesquels l'entreprise est meilleure. Les faiblesses ce sont les domaines dans lesquels l'entreprise est moins bonne. Les forces et les faiblesses sont internes tandis que les menaces et les opportunités sont externes. Vous devez utiliser vos forces pour exploiter les opportunités.

FORCE (strengths)	FAIBLESSES (weaknesses)
Capacité innovation	Faible capacité financière
Leadership : croissance, part de marché	Système informatique dépassé
Couts fixes bas	Localisation très éloignée
Personnel hautement qualifié	
Savoir-faire, expérience,	
OPORTUNITE (opportunities)	MENACE (threats)
	Concurrence directe et élargie
Nouvelle technologie	Nouveaux entrants
Marchés à fort potentiel	Législation peu favorable
Demande croissante	Marche en décroissance
Prix équipement très bas	Activité économique faible
	Instabilité politique

6.1.4.3 Marché Potentiel

Le marché potentiel ou global c'est l'ensemble des personnes et des entreprises qui demandent ou qui sont susceptibles de demander votre produit ou vos services.

Faites une analyse à la fois qualitative et quantitative du marché.

– Qui achète mon produit ou qu'est-ce qui le motive ?

– Où sont-ils localisés ?

– Quel serait leur nombre

– Quelle est la fréquence d'achat ou d'utilisation ?

Il est important de se baser sur des sources fiables d'information : données statistiques, revues spécialisées, association.

6.1.4.4 Marché cible

Le marché ciblé ou visé est le groupe d'individus ou d'entreprise à qui vous offriez votre produit/servic.

Il s'agit de déterminer de façon claire votre clientèle, comme ;

– Sa taille

– ses besoins

– Ses habitudes de consommation et d'achat

– Position géographique ; lieu de résidence, lieu d'achat

– Ses caractéristiques ; groupe social, style de vie, culture, attitude, formation et revenu.

6.1.4.5 Analyse de l'offre et de la concurrence

Présentez votre concurrence directe et indirecte et préciser votre positionnement par rapport à votre concurrence. Les concurrents directs sont ceux et celles qui vendent les mêmes produits que vous. La concurrence indirecte vend des produits qui peuvent répondre aux mêmes besoins que vos offres. Vous devez préciser la manier donc vous serez positionné par rapport à vos concurrents.

Non concurrents			Votre Entreprise
Type de clients			
Forces			
Faiblesse			
Prix			
Qualité du produit/service			

6.1.5 Stratégie de marketing

C'est l'ensemble des techniques et des outils utilisés pour faire connaitre votre produit/service à votre clientèle potentiel. Pour attirer votre clientèle, les inciter à acheter et à revenir encore et encore. Le mix marketing repose sur les 4 moyens, d'action pour gagner une clientèle ; le produit, le prix, la distribution et la communication.

6.1.5.1 Politique du produit

D'écrivez en détails, votre produit ou votre service et son utilisation. Et de présenter :

– Type de produit/service

– Nom, marque

– Nombre de modèles et variantes

– Différenciation par rapport à la concurrence

– Emballage (information sur l'emballage)

– Qualité, innovation, durabilité

Pouvez que votre produit répond véritablement à un besoin :

Pyramide de Maslow

D'accomplissement

Épanouissement de soi

– D'estime

Prestige, respect, statut

– Appartenance

Affection, Santé, amour

– Sécurité

Protection physique, protection sociale

– Physiologique

Respirer, boire, dormir, manger…

6.1.5.2 Politique du prix

Vous pouvez fixer le prix en fonction de plusieurs éléments :

Rentabilité : couvrir les charges et assurer une marge.

Coût + Profit = prix

Demande : La demande influence directement le niveau du prix.

Élasticité de la demande

Prix psychologique

Positionnement : Les outils de positionnement de la marque influencent le prix. Élaborer

La conception du produit et de son image dans l'esprit du consommateur.

Exemple : ZTE, Apple

Offre : En fonction du prix courant ou de la concurrence

En dessous du marché

Moyen du marché

Au-dessus du marché

6.1.5.3 La distribution

La distribution c'est l'ensemble des opérations qui permettent d'acheminer un produit du lieu de production jusqu'à sa mise à disposition chez le consommateur ou la consommatrice.

Les circuits de distribution pour atteindre la clientèle ciblée :

Distribution directe : vendre directement à des clients qui l'utilisent.

Distribution au détail : vente de vos produits aux boutiques et magasins.

Distribution en gros : la vente de vos produits en très grandes quantités chez les grossistes qui les vendent au détaillant ou à la détaillante puis au client.

6.1.5.4 Communication

La communication c'est les moyens employés par l'entreprise pour informer ou persuader les consommateurs potentiels et cible

Les objectifs de la communication

– Cognitif : Faire connaitre l'entreprise, ses produits et services

– Affectif : Faire aimer l'entreprise, ses produits/services (image positive et attractive)

– Conatif : Faire agir le consommateur, le stimuler à l'achat

Les types de communication

– Communication institutionnelle : La promotion de l'image de l'entreprise (les relations publiques, le sponsoring ou patronage et la publicité institutionnelle),

– Communication commerciale : La promotion des pro-duits/services de l'entreprise[25] (publicité commerciale, marketing direct, promotion des ventes).

Le processus de communication selon le modèle de Shannon et Weaver[26]

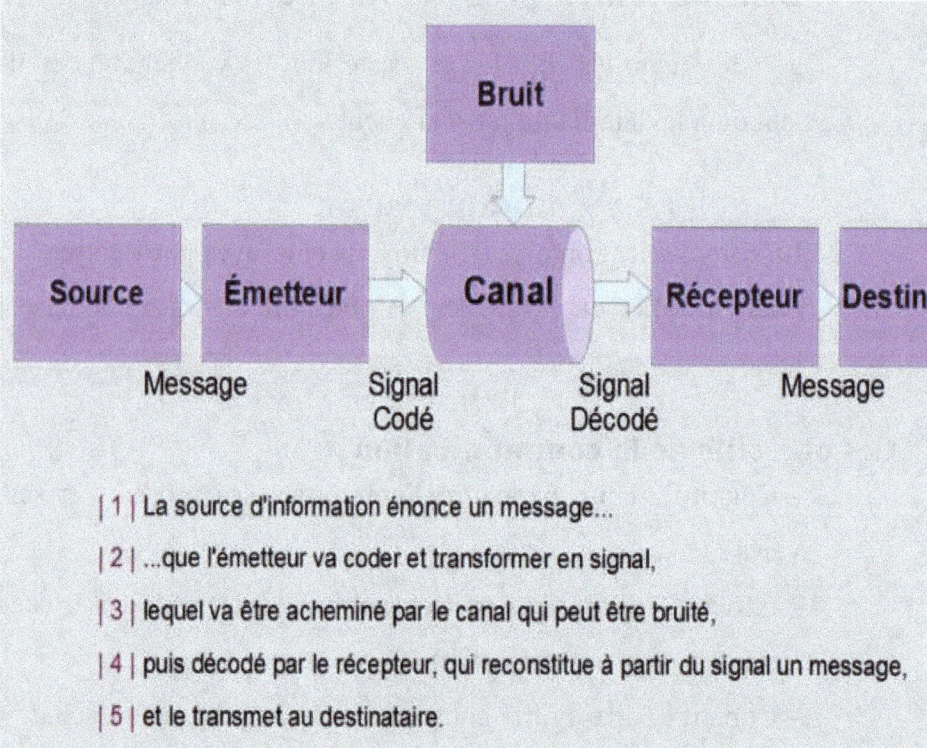

[25] Consulter : https://youtu.be/IAunp8DPQyE?si=VaP-KPXnErKoyjGn

[26] Source : https://laboragora.com/wp-content/uploads/2018/08/Shannon-Weaver-1949.-1024×636.png

6.1.6 Les Opérations

6.1.6.1 Implantation

I Vous pouvez faire le choix d'emplacement en fonction de plusieurs critères.

– Économies des coûts, l'infrastructure (routes, ports…)

– Zones de développement

– La proximité des sources d'approvisionnement et de distribution

– Disponibilité de la main-d'œuvre

– Disponibilité des moyens de production et de service de maintenance

6.1.6.2 Processus de production

Le processus de production regroupe l'ensemble des enchaînements ou des actions de travail permettant d'aboutir à la réalisation d'un produit.

– Montrer les étapes de production c'est-à-dire les processus que vous allez utiliser pour produire le bien.

– Présenter les ressources humaines et matérielles nécessaires à la production.

– Les méthodes (artisanale ou industrielle) et les savoir-faire

– Identifier le mode de stockage, la technologie que vous utilisez pour produire ce bien.

6.1.6.3 Approvisionnement

L'approvisionnement a pour but de répondre aux besoins de l'entreprise en matière de produits ou services nécessaires à son fonctionnement.

Il permet de recenser les principaux fournisseurs et de la matière première disponible.

•**Matières Premières**

Dressez la liste des matières premières requises, leur disponibilité, leur qualité, leur quantité et leur coût.

•**Fournisseurs**

Sélectionner la liste des fournisseurs, leur condition d'achat, délai de livraison, Localisation, le Coût et la Fiabilité.

6.1.6.4 Capacité de production

La capacité de production correspond à la quantité, ou nombre maximal qui peut produite par l'entreprise.

Elle est liée aux Moyens, Ressources et actifs que l'entreprise utilise pour produire.

– La quantité de produits/services disponible par Jours/Semaine, Mois et Année.

6.1.6.5 Main-d'œuvre

Nombre	Catégorie	Compétence	Taches	Salaire

N.B. Vous pouvez présenter également un organigramme de votre entreprise selon la taille et l'objectif du plan d'affaires.

6.1.7 Plan financier

Le plan financier est la partie quantitative du plan d'affaires

6.1.7.1 Coût et financement du projet

Le coût et financement du projet représente l'ensemble des besoins et ressources nécessaires dès le démarrage de l'entreprise. Ce plan peut s'établir pour une période de 3 ans.

Coût	Financement
1— Fonds de roulement	1- Emprunts à coût terme
Frais de démarrage :	Institution financière :
Inventaire de départ :	Autres
2— Actifs à acquérir	2- Emprunts à long terme
Mobilier :	Institution financière :
Améliorations locatives :	Autres
Équipements :	:
Autres :	:
3— Actifs possédés par le promoteur Utilisés dans l'entreprise	3— Mise de fonds
– :	En agent :
– :	En ac-tifs :
Total :	**Total** :

6.1.7.2 Chiffre d'affaires prévisionnel

Le CA prévisionnel ou analyse des ventes doit permettre de couvrir les charges et les crédits éventuels.

Il doit être élaboré en fonction des données statistiques et de la saisonnalité. Il y a des saisons basses et des saisons qu'on réalise plus de vente selon votre secteur d'activité.

Mois	Ventes année 1	Ventes année 2	Ventes année 3
Janvier			
Février			
Mars			
Avril			
…..			
Août			
Septembre			
Octobre			
Novembre			
Décembre			
Total			

6.1.7.3 États des résultats prévisionnels

Il permet de mesurer la performance de l'entreprise en comparant la vente avec les dépenses. Il regroupe l'ensemble des **produits** et des **charges**.

	An 1	An 2	An 3
Ventes			
– Cout des marchandises vendues			
Bénéfice brut			
Frais d'exploitation			
Salaires et avantages sociaux			
Électricité, Téléphone, Assurance			
Entretient et réparation bâtiments			
Entretient et Rép équipement			
Autres			
Total			
Frais financiers			
Frais bancaires et intérêts			
Intérêts de la dette à long terme Et autres			
Total			
Bénéfice (perte) avant impôts			
– Impôt			
Bénéfice (perte) net			

N.B. : Cout des marchandises vendues c'est la somme de tous les couts directs associe à la fabrication d'un produit.

6.1.7.4 Budget de Caisse prévisionnel

Le budget de caisse c'est un tableau qui présente tous les décaissements (sortir d'argent) et les encaissements (recette) prévus au cours d'une période. On dit budget de caisse ou plan de trésorerie.

	janvier	Février	…..	…	Décembre
Solde de début					
Encaissement					
Ventes					
Emprunts					
Autre					
Total (+)					
Décaissement					
Achat de marchandises					
Élec, Assurance, Tél...					
Rembours des dettes					
Autres					
Total (-)					
Encaisse de fin					

6.1.7.5 Bilan prévisionnel

Le bilan prévisionnel contient l'ensemble des actifs, des passifs et de l'avoir de l'entreprise. Il donne une photographie du patrimoine de l'entreprise à la date de clôture de chaque période.

	Ouverture	Année 1	Année 2	Année 3
Actifs				
Actifs à court terme				
Encaisse				
Inventaire				
Actifs à long terme				
Terrain				
Bâtiments				
Amortissement cumulé				
Autres				
Total actif				
Passif				
Passif a cout terme				
Compte fournisseur				
Passif à long terme				
Prêts et autres				
Capitaux propres				
Total passif				

6.1.7.6 Seuil de rentabilité

Le seuil de rentabilité ou point mort est le niveau de vente ou l'entreprise ne fera ni perte ni profit. Il vous permet de savoir combien de produit vous devez vendre par : semaine, mois, année pour couvrir vos charges et réaliser un bénéfice.

Seuil de rentabilité	Année 1	Année 2	Année 3
Frais fixes			
Salaires et avantages sociaux			
Entretien et Rép des bâtiments, équipements			
Électricité, Téléphone, Assurance			
Autres			
Total frais fixe			
Frais variables			
Achat matières premières			
Électricité, Téléphone			
Salaire			
Autres			
Total frais variable			
Seuil de Rentabilité			

Seuil de rentabilité = Frais fixes / [(1— Frais variables) /ventes]

6.1.7.7 Ratio de rentabilité

Les ratios de rentabilité sont des indicateurs permettant de mettre en évidence la profitabilité d'une entreprise à différents niveaux.

1-Ratio de rentabilité économique

Ratio de rentabilité économique = bénéfice net / actif total

Si le ratio est élevé ou (> 1) c'est le signe que les créanciers de l'entreprise connaitront un risque de non-paiement des intérêts. En tant qu'entrepreneur, vous devez mettre en place des dispositions pour rentabiliser l'entreprise. Pour connaitre les failles de votre entreprise, vous devez comptabiliser l'entreprise. Puis consulter un expert-comptable pour pouvoir identifier les risques de non-paiement au quelle faire face à votre entreprise.

2-Ratio global

Ratio global = (bénéfice net /chiffre d'affaires hors taxes) × 100

Le ratio global s'exprime en pourcentage[27].

---

[27] Liens utiles

1-PDFModèle du plan d'affaires https://www.google.com /url?sa=t&source=web&rct=j&opi=89978449&url=http://www.cnentrepreunariat. mes.rnu.tn/Modele%2520du%2520plan.pdf&ved=2ahUKEwiqza2sz4GEAxVumlQl Hdd9DwwQFnoECCoQAQ&usg=AOvVaw1lN8gqcg2ypHUwEMxTZFur

2— Philadelphia University Exemple complété de Plan d'Affaires https://www.google.com/url?sa=t&source=web&rct=j&opi=89978449&url=https: //www.philadelphia.edu.jo/centers/ties_new/entrepreneurial/3_Module_Accom pagne- ment/3_05_Annexe_Exemple%2520Complete%2520de%2520PA.pdf&ved=2ahUK

Ewiqza2sz4GEAxVumlQIHdd9DwwQFnoECBUQAQ&usg=AOvVaw2M3m42CETs4zk
KpFf4PJ0v

3— Plan d'affaires — Ungana

https://www.google.com/url?sa=t&source=web&rct=j&opi=89978449&url=https:
//www.ungana.org/IMG/pdf/ungana_1114_esop_etd_2_guide_plan-
affaire-
sa3ans.pdf&ved=2ahUKEwj5hufhz4GEAxXIRDABHcb5DkI4ChAWegQIExAB&usg=A
OvVaw32aBiPBlFdxi9oVoYy1Bxs

4-Agri-Réseau — pour le démarrage d'une entreprise agri-
colehttps://www.google.com/url?sa=t&source=web&rct=j&opi=89978449&url=ht
tps://www.agrireseau.net/documents/Document_94982.pdf&ved=2ahUKEwj03eL
lz4GEAxWtRTABHfUNAZE4FBAWegQICRAB&usg=AOvVaw07p8lyO0saZOC48IKq0c
6H

Chapitre 7

7. Les bases de la comptabilité d'entreprise

La comptabilité d'entreprise qui consiste à enregistrer, analyser et rapporter toutes les transactions financières d'une entreprise. Elle joue un rôle crucial dans la gestion financière et la prise de décisions.

7.1   Enregistrement des transactions

La comptabilité consiste à enregistrer systématiquement chaque transaction financière de l'entreprise, qu'il s'agisse de ventes, d'achats, de paiements, de réceptions, etc. Vous devez enregistrer les transactions dans l'ordre et selon les « Principes Comptables généralement reconnus » (PCGR).

Ces principes s'appliquent aux entreprises à capital fermé (non co-tées à la bourse) et un certain droit d'adaptation des principes comptables est reconnu selon les circonstances particulières. Par contre, dans le cas des entreprises cotées à la bourse, de nouvelles règles, appelées « Normes internationales d'information » (IFRS) entrent en vigueur le 1er janvier 2011 pour les pays qui ont décidé d'adopter ces normes, retrouvent dans plus d'une centaine de pays, incluant le

Canada, l'Union européenne, le Japon. Ces règles doivent subir des modifications en 2012, 2013, 2014 pour se rapprocher des règlements en vigueur aux États-Unis qui n'ont pas encore adopté les obligations IFRS, jugeant leurs modèles actuels plus valables.

7.2   Classification

Les transactions sont classées en catégories spécifiques, telles que les **actifs**, les **passifs**, les **revenus** et les **dépenses**. Cela permet de créer une structure comptable organisée. Vous devez savoir dans quels comptes pour classer chaque transaction. Classifier toutes les transactions liées aux comptes des résultats, au bilan mais aussi dans le budget de caisse. Une bonne classification vous permet de gagner plus de temps et plus professionnel.

7.3 Comptabilisation double

Chaque transaction affecte au moins deux comptes, avec une entrée de débit et une entrée de crédit. Cela garantit que la comptabilité reste équilibrée. Chaque opération élémentaire fait intervenir deux postes et que les différents postes sont classés dans quatre rubriques : actif, passif (y compris les capitaux propres), dans le bilan. Et charge, produit dans les comptes de résultat. On peut encore constater que l'augmentation d'un poste diminue un autre selon le cas.

7.4 Principes comptables et Conformité réglementaire

Les entreprises suivent des principes comptables généralement acceptés (PCGA) pour garantir la cohérence et la transparence dans la présentation des états financiers. Le plan de comptes du PCG est commun à trois systèmes : un système de base, un système abrégé et un système développé. Il peut être adapté à des entités particulières : agriculture, associations, collectivités publiques, etc. Nous présentons ci-après le plan de comptes du système abrégé du PCG (avec quelques aménagements). Ces comptes peuvent être subdivisés. Les entreprises sont tenues de se conformer aux réglementations comptables et fiscales locales et internationales (Robert OBERT).

7.5 États financiers

La comptabilité produit des états financiers périodiques, tels que le bilan, le compte de résultat et le tableau des flux de trésorerie, qui offrent une vue d'ensemble de la santé financière de l'entreprise.

7.5.1 Compte des résultats

Le compte de résultat regroupe l'ensemble des charges et des produits enregistrés durant l'exercice. Selon le régime juridique de l'entité, le solde des charges et des produits constitue :

– le bénéfice ou la perte de l'exercice ;

– l'excédent ou l'insuffisance de ressources.

Les produits

Les produits accroître[28] davantage économiques au cours de l'exercice qui ont pour résultat l'augmentation des capitaux propres autres que les augmentations provenant des apports des participants aux capitaux propres.

Les charges

Les charges diminuent davantage économiques au cours de l'exercice qui a pour résultat de diminuer les capitaux propres autrement que par des distributions aux participants aux capitaux propres.

Il ne faut pas confondre l'amortissement comptable avec l'amortissement financier, lequel correspond au remboursement du capital d'un emprunt. Rappelons que le remboursement du capital doit être lui-même nettement distingué du paiement des intérêts car, à la différence de ces intérêts, l'amortissement financier ne peut être inscrit dans les charges. Il ne vient donc pas diminuer le bénéfice imposable.

L'amortissement comptable venant diminuer le bénéfice comptable, certains dirigeants seront cependant tentés de réduire cet amortisse- ment au strict minimum afin de présenter un compte de résultat favo-

---

[28] Robert Obert, Initiation à la comptabilité
 https://www.google.com/url?sa=t&source=web&rct=j&opi=89978449&url=https://www.doc-developpement-durable.org/file/Gestion-entreprises-et-associations/comptabilite-entre-prise/Initiation_a_la_comptabilite.pdf&ved=2ahUKEwi40qqYh4uCAxXHaDABHYAUADgQFnoECBUQAQ&usg=AOvVaw27VtcH4Xm_ZgA4Havkeg3v

rable à leur banquier. D'autres chefs d'entreprise voudront, au contraire, l'augmenter au maximum pour maximiser leurs charges afin de réduire le montant de l'impôt sur les bénéfices (Robert Obert).

7.5.2 Bilan

Le bilan est une « photographie » de la situation « patrimoniale » de l'entreprise à un instant donné. Il comprend deux parties : l'actif et le passif. **L'actif** indique que les biens possèdent l'entreprise, il regroupe la valeur des différents biens dont l'entreprise dispose (emplois), **le passif** précise comment ces biens étaient financés (origines ou sources de financement).

L'ACTIF

1) Les immobilisations : regroupent des biens qu'un dirigeant ne peut en principe céder sous peine d'obliger son entreprise à cesser ses activités. Il s'agit :

– **Des immobilisations incorporelles** : frais d'établissement, fonds de commerce ou droit au bail pour un commerçant, un artisan ; brevets ou licences, logiciels… ;

– **Des immobilisations corporelles** : terrains, constructions, matériels et outillages ;

– **Des immobilisations financières** : Les titres de participation dans le capital d'autres entreprises (essentiellement des actions de ces entreprises). Éventuellement dans les grandes entreprises.

2) les actifs circulants rassemblent les stocks, les créances sur les clients et les disponibilités.

– **les stocks et en-cours,** appelés parfois valeurs d'exploitation, représentent les stocks de marchandises, de matières premières, de produits semi-finis et de produits finis, possédés par l'entreprise ;

– **Les crédits consentis aux clients**, considérés comme des valeurs réalisables à court terme car il représente(en principe) de créances susceptibles d'être réalisées (c'est-à-dire recouvrées) facilement et rapidement.

Le Passif

1) Les capitaux propres : Regroupe le capital initial apporté par l'exploitant, si ce dernier a créé seul une entreprise individuelle, ou du capital social apporté par les associés, si c'est une société. Elles comprennent également le bénéfice des exercices antérieurs remis en « réserves » ainsi que le résultat de l'exercice considéré.

2) Les dettes financières (ou dettes à plus d'un an à l'origine). S'agit essentiellement d'emprunts auprès de banques, auprès du public (obligations émises par les grandes entreprises) ou de prêteurs divers.

3) Les dettes circulantes envers : les fournisseurs, l'État et les charges sociales dues et non encore réglées et les banques.

– Les emprunts et dettes auprès des établissements de crédit. Ce sont : les dettes a plus d'un an qualifié de dettes financières, les dettes bancaires à moins d'un an ou crédits de trésorerie, intitulés concours bancaires courants.

– Les dettes fournisseurs.

– Les dettes fiscales et sociales.

7.5.3 Tableau des flux de trésorerie

La comptabilité permet de suivre les flux de trésorerie, pour garantir que l'entreprise dispose des liquidités nécessaires pour ses opérations. Il enregistre tous les encaissements et décaissements, ses transactions se ventilent mois par mois. *Le plan de trésorerie se présente sous forme de tableau et vous permet de prévoir le solde de votre compte bancaire tous les mois en considérant la position de votre compte en début de mois et des encaissements TTC de ce même mois. Le plan de trésorerie prend en compte seulement des montants TTC, toutes taxes comprises.* On droit gérer aussi la TVA et calculer des montants avec ou sans TVA pour rester au plus près de la réalité.

7.6 Gestion des obligations fiscales

La comptabilité inclut souvent la gestion des obligations fiscales, y compris la préparation des déclarations de revenus et le respect des lois fiscales en vigueur. Les impôts payés par l'entreprise peuvent être analysés en trois catégories :

1— La taxe à la valeur ajoutée (TVA), ou la taxe sur chiffre d'affaires (TCA)

2— L'impôt sur le résultat (impôt sur les bénéfices)

3— Les autres impôts (contribution économique territoriale, taxe foncière, impôts et taxes sur rémunérations, etc.).

Pour les entreprises individuelles, l'impôt sur les bénéfices n'est pas payé par l'entreprise, mais par l'exploitant et n'est pas enregistré dans la comptabilité de l'entreprise.

L'impôt sur les sociétés est payé au cours de l'année même de la réalisation des bénéfices et non, comme en matière d'impôt sur le revenu, l'année suivante celle de la réalisation des revenus. À cet effet, les redevables de l'impôt sur les sociétés doivent :

– calculer eux-mêmes, en fonction du dernier exercice, les acomptes à valoir sur l'impôt de l'exercice en cours ;

– verser, sans avertissement préalable de l'administration fiscale, le montant des acomptes à la caisse du percepteur ;

– liquider l'impôt en fin d'exercice, c'est-à-dire le calculer et en acquitter spontanément le solde, sous déduction des acomptes versés[29].

Source :
https://www.google.com/url?sa=t&source=web&rct=j&opi=89978449&url=https://www.doc-developpement-durable.org/file/Gestion-entreprises-etassocia-tions/comptabiliteentrprise/Initiation_a_la_comptabilite.pdf&ved=2ahUKEwi40qqYh4uCAxXHaDAB HYAUADgQFnoECBUQAQ&usg=AOvVaw27VtcH4Xm_ZgA4Havkeg3v

7.7 La rémunération du personnel

La rémunération du personnel est la récompense ou le salaire dont on paie au salarié de l'entreprise. En comptabilité, toutes les charges de personnel sont inscrites dans le compte 64. Elles correspondent aux rémunérations versées au personnel de l'entreprise, en contrepartie du travail fourni, mais également aux charges sociales liées à ces rémunérations et aux diverses indemnités et primes allouées.

Le traitement de la paie

Les impôts payés par l'entreprise peuvent être analysés en trois catégories : la taxe à la valeur ajoutée (TVA), l'impôt sur le résultat (impôt sur les bénéfices) et les autres impôts (contribution économique territoriale, taxe foncière, impôts et taxes sur rémunérations, etc.). Il

---

[29] Consulter: https://www.compta-facile.com/charges-de-personnel-comptes-64/#:~:text=En%20comptabilit%C3%A9%2C%20toutes%20les%20charges,diverses%20indemnit%C3%A9s%20et%20primes%20allou%C3%A9es.

est à noter que dans les entreprises individuelles, l'impôt sur les bénéfices ne paie pas par l'entreprise, mais par l'exploitant et n'est pas enregistré dans la comptabilité de l'entreprise (Robert OBERT).

7.8 Analyse financière et prise de décision

Les données comptables permettre d'évaluer la performance financière de l'entreprise, identifier les tendances, les points forts et les faiblesses. Il est un outil important pour voir l'évolution de l'entreprise. Les données comptables donnent une vision globale sur la santé de l'entreprise. Les gestionnaires utilisent les informations comptables pour prendre des décisions stratégiques, telles que les investissements, la planification budgétaire et les stratégies de croissance.

7.9 L'annexe

L'annexe complète et commente l'information donnée par le bilan et le compte de résultat.

L'annexe comporte toutes les informations d'importance significative destinées à compléter et à commenter celles données par le bilan et par le compte de résultat (Robert Obert).

On y trouve généralement (et au minimum) les rubriques suivantes :

1. Informations sur la base d'établissement des états financiers et sur les méthodes comptables spécifiques choisies et appliquées aux transactions et événements importants

2. État de l'actif immobilisé

3. État des amortissements et dépréciations

4. État des provisions

5. État des stocks

6. État des échéances des créances et des dettes à la clôture de l'exercice.

7. Montant des engagements financiers

8. Ventilation du chiffre d'affaires[30]

7.10 Logiciels comptables

De nombreux systèmes informatisés automatisent le processus comptable, offrant une gestion plus efficace et des rapports plus précis. Il existe de nombreux logiciels comptables sur le marché, chacun offrant des fonctionnalités variées pour répondre aux besoins spécifiques des entreprises. Le choix du logiciel dépend des besoins spécifiques de votre entreprise, de sa taille et de ses processus financiers.

---

[30] **Lien utile**

doc-developpement-durable.org, Comptabilité d'entreprise
https://www.google.com/url?sa=t&source=web&rct=j&opi=89978449&url=https://www.doc-developpement-durable.org/file/Gestion-entreprises-et-associations/comptabilite-entreprise/Comptabilit%25C3%25A9%2520d-entreprise_Wikipedia-Fr.pdf&ved=2ahUKEwi934rD3NSCAxVLVTABHUhjD1gQFnoECBEQAQ&usg=AOvVaw1tDKjuFapeErHc7_9u9EKa

https://www.google.com/url?sa=t&source=web&rct=j&opi=89978449&url=https://ressources.cforp.ca/fichiers/esquisses-de-cours/affairesetcommerce/BAN4E.pdf&ved=2ahUKEwi40qqYh4uCAxXHaDABHYAUADgQFnoECCUQAQ&usg=AOvVaw0Rdox-9j79MQXf6YIA-P87

https://www.google.com/url?sa=t&source=web&rct=j&opi=89978449&url=https://celene.insa-cvl.fr/pluginfile.php/25267/course/overviewfiles/LES%2520BASES%2520DE%2520LA%2520COMPTABILIT%25C3%2589.pdf%3Fforcedownload%3D1&ved=2ahUKEwi40qqYh4uCAxXHaDABHYAUADgQFnoECCYQAQ&usg=AOvVaw1CFlGtmjR8UJigW48lqOUx

Il est important de choisir un logiciel qui facilite la gestion comptable tout en assurant la conformité aux normes fiscales et comptables en vigueur dans votre région. Voici quelques-uns des logiciels comptables populaires :

Xero
Un logiciel de comptabilité en ligne adapté aux petites entreprises. Il propose des fonctionnalités de facturation, de suivi des dépenses, de rapprochement bancaire et de gestion des flux de trésorerie. https://wwww.xero.com

Sage Intacct
Un logiciel conçu pour les entreprises de taille moyenne a grand, il propose des fonctionnalités avancées de comptabilité, de gestion financière et de rapports. https://www.sage.com>en-us>inta

FreshBooks
Axé sur les travailleurs indépendants et les petites entreprises, FreshBooks propose des fonctionnalités de facturation, de suivi des dépenses et de gestion du temps. https://www.freshbooks.com

Wave
Principalement destiné aux entrepreneurs indépendants et aux petites entreprises, Wave offre une comptabilité gratuite avec des fonctionnalités telles que la facturation, le suivi des dépenses et les rapports financiers. https://www.wave.com

Zoho Books

Zoho Books est un logiciel de comptabilité en ligne adapté aux petites entreprises. Il propose des fonctionnalités telles que la facturation, le suivi des dépenses, la gestion des stocks et la génération de rapports financiers. https://www.zoho.com

Odoo
Odoo est un logiciel de gestion d'affaires Open source. Il propose une suite complète de logiciels de gestion d'entreprise, y compris la comptabilité. Il offre une intégration complète avec d'autres modules tels que les ventes, les achats et la gestion des ressources humaines. https://www.odoo.com>fr_FR

MYOB
Un logiciel de comptabilité populaire en Australie et en Nouvelle-Zélande, offrant des fonctionnalités telles que la facturation, le suivi des dépenses et la gestion de la paie. https://www.myob.com

Microsoft Dynamics 365 Business Central
Conviens aux petites et moyennes entreprises, offrant des fonctionnalités de comptabilité, de gestion des ventes, des achats et de la chaîne logistique. https://www.microsoft.com>productsDynamics

GNUCash
Un logiciel de comptabilité open source adapté aux petites entreprises et aux utilisateurs individuels. https://gnucash.org

Quick Books

Conviens aux petites et moyennes entreprises, offrant des fonctionnalités telles que la gestion des dépenses, la facturation, le suivi des
ventes et la préparation des déclarations de TVA :
www.quickbooks.fr

7.10.1 Introduction au QuickBooks

a) Configuration du compte

– Créez un compte Quick Books en suivant le processus
d'inscription.

Sur le navigateur Google Chrome : www.quickbooks.fr

b) Configuration de l'Entreprise

Les paramètres de l'entreprise vous permettent de personnaliser
QuickBooks en fonction des besoins de votre société. Il est important
de définir ces paramètres avant de commencer à entrer ou à télécharger des opérations afin que vos entrées soient uniformes. Vous pouvez effectuer des modifications à tout moment.

– Pour accéder aux paramètres de l'entreprise, cliquez haut de la
page

– Configurez votre entreprise sur l'icône en forme de roue dentée,
puis sélectionnez Paramètres de l'entreprise.

– Cliquez sur l'icône Modifier dans les sections voulues pour y apporter des modifications.

– Cliquez sur Terminé pour mettre à jour les informations.

c) Importation des données

– Importez vos données financières existantes si vous en avez. Quick Books propose généralement des outils d'importation.

d) Gestion de la TVA, TCA ou des taxes

– Configurez les paramètres fiscaux pour vous assurer que Quick Books prend en compte les obligations fiscales de votre entreprise.

Gestion de la TVA

– Cliquez sur TVA dans la barre de navigation de gauche.

– Sur la page TVA, cliquez sur Configurer la TVA.

– Saisissez le numéro, la période, le régime et la fréquence de déclaration de la TVA.

– Cliquez sur Configurer.

– Vous pouvez à présent accéder à la page TVA dans la barre de navigation de gauche.

– De là, vous pouvez : configurer de nouvelles taxes ; enregistrer les paiements ;

– Afficher les renseignements relatifs aux déclarations de revenus ;

– Consulter votre historique de TVA ; générer des rapports et vérifier les taux et paramètres actuels de la TVA.

e) Saisie des transactions

– Ajoutez vos transactions régulières, comme les ventes, les achats, les dépenses, et assurez-vous de les attribuer aux bonnes catégories.

f) Recevoir un paiement

Quick Books vous permet de rester organisé en vous aidant à percevoir les paiements des factures clients.

– Cliquez sur l'icône créer (+), puis sélectionnez **recevoir un paiement**.

– Sélectionnez un client dans la liste.

– Complétez le reste du formulaire

– Recevoir un paiement.

– Si le client est associé à des factures impayées, elles apparaissent ici, ce qui permet de leur appliquer le paiement.

– Cliquez sur **enregistre**r et **créez.**

g) Rapprochement bancaire

Une fois la connexion sécurisée établie avec votre banque, vos opérations sont automatiquement transférées dans le fichier de votre entreprise QuickBooks Online.

Sur la page d'accueil,

– Cliquez sur Connecter un compte.

– Suivez les instructions à l'écran pour connecter votre compte.

– Dans la barre de navigation, sélectionnez Opérations > **Banque.**

– Cliquez sur Mettre à jour pour télécharger la dernière version des données bancaires ou un relevé bancaire.

– Cliquez sur Ajouter pour ajouter l'opération à QuickBooks.

h) Facturation

– Utilisez la fonction de facturation pour créer et envoyer des factures à vos clients.

Création d'une Facture :

– Allez dans l'onglet « Ventes » de QuickBooks.

– Sélectionnez « Factures » et cliquez sur « Nouvelle Facture ».

– Remplissez les détails du client, ajoutez les articles ou services fournis, puis sauvegardez.

i) Personnalisation des modèles de Facture :

– Personnalisez vos modèles de facture en ajoutant le logo de votre entreprise et en ajustant les couleurs.

– Fournissez une apparence professionnelle à vos factures.

j) Organiser des dépenses et suivis des dépenses

– Entrez et classez les dépenses de votre entreprise pour préparer vos déclarations fiscales.

– Cliquez sur l'icône Créer (+), puis sélectionnez Dépense.

– Complétez le formulaire de dépense.

– Sélectionnez le compte qui servira au paiement des dépenses.

– Vous pouvez également choisir un mode de paiement.

– Entrez un numéro de référence pour retrouver l'opération plus facilement par la suite.

– Incluez le compte pour que QuickBooks classe chaque ligne.

– Vous pouvez également joindre un document (comme un reçu).

Pour gagner du temps, vous pouvez faire de cette dépense une dépense récurrente.

– Cliquez sur **enregistrer** et **créez**.

k) Rapports financiers

– Accédez à l'onglet « Rapports » dans le menu.

– Sélectionnez le type de rapport que vous souhaitez générer, comme le bilan ou le compte de résultat.

l) Collaboration avec un expert-comptable

– Invitez votre expert-comptable à accéder à votre compte Quick-Books.

– Si nécessaire, partagez l'accès à votre compte Quick Books avec votre expert-comptable pour faciliter la collaboration

m) Mises à jour régulières

– Gardez votre logiciel à jour en installant les mises à jour régulières pour bénéficier des dernières fonctionnalités et corrections de bugs. Quick Books propose également des tutoriels en ligne, des vidéos d'instruction et une assistance client pour vous aider à maîtriser ses fonctionnalités. N'hésitez pas à explorer ces ressources pour optimiser l'utilisation de Quick Books en fonction des besoins spécifiques de votre entreprise,

Quick Books online s'accompagne avec de nombreuses solutions de soutien technique. Cliquez sur l'icône **Aide** pour accéder à l'aide en ligne. Saisissez votre question ou effectuez une recherche par mot clé. Pour savoir plus consulter : https://intuitglobal.intuit.com

Chapitre 8

8. Plan marketing

Le plan marketing est l'ensemble des actions opérationnelles prévues pour une période bien déterminée. Le plan marketing est un document qui oriente la stratégie marketing de l'entreprise afin d'atteindre des objectifs fixés en amont. Le plan marketing est plus axé sur l'exécution à court terme des activités marketing. Cette feuille de route rassemble, détaille et hiérarchise les actions marketing opérationnelles prévues sur une période donnée (en général sur une année). Il décrit les cibles, les moyens utilisés, les chiffres d'activité à atteindre et les délais à respecter[31].

Voici les étapes essentielles pour élaborer une stratégie marketing efficace :

8.1 Analyse de la situation

Analyse interne

L'analyse de la situation de l'entreprise est une étape fondamentale dans la réalisation d'un plan marketing. Elle permet de dégager les

---

[31] Clara Landecy, Comment faire un plan Marketing réussi ? Blog Huspot 30, novembre 2023

forces, les faiblesses de l'entreprise en fonction de la situation actuelle du marché.

Le diagnostic interne porte sur l'entreprise elle-même, en particulier sur quatre aspects : les contraintes de son histoire ou de son cadre de référence fondamental actuel. L'état des autres fonctions (production, logistique, R&D, capacités financières ou humaines, rentabilité). Enfin, ses gammes de produits ou services, ses prix, sa communication et son réseau de distribution (Philippe VILLEMUS).

Analyse externe

L'analyse externe c'est connaître l'environnement général, le marché (l'offre concurrente et la demande), les autres acteurs (fournisseurs, par exemple) et les facteurs d'influence ou de réussite du marché. Les prescripteurs sont ceux qui conseillent l'achat d'un bien ou service à quelqu'un d'autre (journaliste, médecin, leader d'opinion, plombier, garagiste, etc.). L'analyse externe permet d'identifier les opportunités et les menaces, que l'entreprise doit éviter. On doit profiter de ses opportunités et éviter l'impact des menaces général se compose aussi de l'environnement :

1— L'environnement démographique

2— L'environnement économique

3— L'environnement réglementaire ou institutionnel (ou politique)

4— L'environnement technologique

5— L'environnement socioculturel

6— L'environnement naturel[32]

Fixation d'objectifs

Pour rédiger un plan marketing efficace, c'est important de fixer les objectifs du plan. La fixation des objectifs permet de savoir après le lancement, si vous avez obtenir le vrai résultat. Les objectifs établis doivent être clairs, spécifiques, mesurables, atteignables et temporels (objectifs SMART) pour votre stratégie marketing. C'est important de bien analyser la situation (interne, externe) avant de fixer votre objectif. Vous devez avoir au moins un objectif comme :

Augmenter vos ventes.

Augmenter votre notoriété.

Acquérir plus de leads qualifiés.

Fidéliser davantage les clients.

Définir votre proposition de valeur

---

[32] Philippe Villemus, Le plan marketing à l'usage du manager, Edition d'organisation, Groupe Eyrolles

8.2 Ciblage

– Choisissez les segments de marché que vous allez cibler en priorité en fonction de leur pertinence pour vos objectifs.

« Il faut en effet aller chercher plus loin encore pour s'intéresser à leurs problématiques, à leurs besoins et envies, leurs facteurs de motivations, mais également connaître leurs freins et zones d'influences ». Plus vous en saurez sur les consommateurs, plus vous aurez de chance de les convertir en clients. Pour en savoir plus sur les consommateurs, il faut alors faire des analyses documentaires sur le web, comme des rapports, des données statistiques[33].

8.3 Segmentation de Marché

La segmentation est la division d'un marché en sous-ensemble homogène. Elle permet de répondre aux besoins spécifiques de chaque segment de la cible. L'organisme doit diviser le marché en segments distincts en fonction de caractéristiques communes. Les critères de choix de la segmentation doivent être pertinents et mesurables. Et la division d'un segment de marché peut classer selon plusieurs critères. Par exemple ;

---

[33] E-Commerce Nation, comment réaliser un plan marketing efficace ? , 12 novembre 2021, consulté le 30 novembre 2023
https://www.ecommerce-nation.fr/category/e-commerce-nation

1— Les critères sociodémographiques (Âge, sexe, Revenu produit, profession, taille du foyer, Situation géographique).

2— La segmentation par avantages recherchés : Cette méthode permet de distinguer les consommateurs selon les avantages qu'ils recherchent dans leurs achats.

EXEMPLE : une étude a été réalisée en 1964 pour la société Timex sur le marché des montres (J. J. Lambin, Le marketing stratégique, Mac Graw Hill) :

23 % des personnes recherchaient le prix le plus bas,

46 % des personnes recherchaient la durabilité, la qualité,

31 % des personnes achetaient une montre comme symbole d'une occasion importante.

3- La segmentation psycho graphique (selon les socio styles) : Cette méthode de segmentation[34] ne s'intéresse pas au consommateur dans son activité de consommation, mais dans l'ensemble de ses activités, loisirs, travaux, opinions diverses…, l'activité de consommation étant une activité parmi beaucoup d'autres.

---

[34] Claude Demeure, Aide- Mémoire Marketing 6e édition, DUNOD

8.4 Positionnement

Le positionnement est la conception du produit ou service chez vos clients. Une entreprise peut se positionner sur plusieurs stratégies. Les deux stratégies de nouveauté et la plus ancienne sur le marché étaient deux méthodes populaires. Avec le temps, la façon de se positionner sur un marché est devenue multiple. Le positionnement peut se concentrer à travers : la communication, le produit, la distribution, la vente, le marketing, etc. L'essentiel c'est de déterminer comment vous voulez que votre entreprise ou produit soit perçu par les clients par rapport à la concurrence. Pour le positionnement soit efficace, il doit correspondre aux désirs des consommateurs. Puis il doit être simple, original, et conforme à l'image du produit et de l'entreprise.

8.5 Le Marketing commercial

On appelle marketing-mix l'ensemble cohérent de décisions relatives aux politiques de produit, de prix, de distribution et de communication d'un produit ou d'une marque (Mercator, J. Lendrevie, J. Lévy, D. Lindon, 8e éd., Dunod, 2006).

8.5.1 PRODUIT

Le produit est l'élément le plus important du marketing. Il est l'axe central de toute entreprise. Quel que soit un service, il représente l'ensemble des bénéfices à obtenir par le consommateur. C'est à travers le produit que le consommateur cherche sa satisfaction maximale. Même s'il est un produit primaire ou luxueux il droit être produire en fonction du gout et de la préférence du client. Il est, sans doute, plus essentiel que les politiques de prix, communication ou distribution (Philippe VILLEMUS).

1 — Conception du produit : Développer un produit ou service répondant aux besoins et aux attentes des clients. La conception d'un produit en marketing englobe la création et le développement du produit pour répondre aux besoins et aux désirs des consommateurs. Cela inclut la définition des caractéristiques, du design, de la fonctionnalité et de la valeur ajoutée du produit. Une conception réussie tient compte du positionnement sur le marché, de la concurrence et des préférences des clients, contribuant ainsi à la réussite de la stratégie marketing globale.

2 — Qualité :

Vous devez assurer la qualité, la durabilité et la performance pour renforcer la satisfaction du client. La qualité d'un produit se réfère à ses caractéristiques et performances conformes aux normes et attentes établies. Elle englobe des aspects tels que la durabilité, la fiabilité, la sécurité et la satisfaction des besoins du consommateur. La gestion de la qualité vise à assurer la conformité du produit aux normes établies tout au long de son cycle de vie.

3 — Caractéristiques

Définir les caractéristiques uniques qui différencient le produit sur le marché. Les caractéristiques d'un produit englobent ses attributs distinctifs, fonctionnalités et spécifications. Celles-ci définissent les aspects physiques, techniques et esthétiques du produit. Les caractéristiques jouent un rôle clé dans la prise de décision d'achat des consommateurs, car elles déterminent la manière dont le produit répond à leurs besoins et attentes.

4 — L'emballage

L'emballage d'un produit se réfère à tout matériau utilisé pour envelopper, protéger, contenir et présenter un produit. Il peut prendre diverses formes, telles que des boîtes, des sacs, des bouteilles ou des étuis, et sert à des fins pratiques, promotionnelles et informatives.

5 — Le cycle de vie

Le cycle de vie d'un produit décrit les différentes étapes qu'un produit traverse depuis son lancement sur le marché jusqu'à son retrait. Les principales phases sont l'introduction, la croissance, la maturité et le déclin. Ces étapes influent sur les stratégies de marketing, de production et de distribution associées au produit.

6 — La gamme

La gamme d'un produit désigne l'ensemble des variantes, versions ou modèles disponibles pour ce produit spécifique. Elle peut inclure différentes options telles que tailles, couleurs, fonctionnalités ou niveaux de performance. En résumé, la gamme offre un éventail de choix aux consommateurs.

7 — La marque

Selon l'Institut national de la propriété industrielle (INPI). La marque est un signe distinctif qui permet à une personne physique ou morale de distinguer ses produits ou services de ceux des tiers. La marque doit être unique, un nom qui n'est pas encore enregistré comme marque et respect d'une certaine norme. Elle doit être lisible et facile à prononcer. Elle doit permettre de distinguer parmi les différents produits ou services qui sont déjà sur le marché. La marque est aussi liée avec votre domaine internet. L'organisme international qui gère les noms de domaines internet est l'ICANN {@} (Internet Corporation for Assigned Names and Numbers). C'est lui qui crée et gère les différentes extensions internationales : « .com », « .net », « .org »…

8 — Ligne de produits

Une « ligne de produits » fait référence à un ensemble de produits liés ou similaires proposés par une entreprise dans une catégorie spécifique. Ces produits peuvent partager des caractéristiques communes, être destinés au même marché cible ou répondre à des besoins similaires. Par exemple, une entreprise de cosmétiques pourrait avoir une ligne de produits pour le soin de la peau comprenant des crèmes hydratantes, des nettoyants et des lotions, formant ainsi une cohérence dans cette catégorie particulière.

9 — La normalisation

Pour lancer un produit, on doit respecter une certaine norme à établir par les autorités concernées. Le produit doit être de répondre à un standard, chaque pays à sa propre norme en matière de production et de consommation d'un bien. Et il y a aussi des normes internationales. « Une norme est un outil de régulation du marché à la disposition de l'ensemble des partenaires économiques ». C'est le résultat d'un accord librement consenti représentant un équilibre entre : les exigences des utilisateurs, les possibilités techniques de la production, les demandes de la distribution, l'intérêt général représenté par l'administration, les contraintes économiques des uns et des autres. On distingue quatre grands types de normes :

• fondamentales (qui concernent la terminologie, la métrologie…),

• de méthodes d'essai,

• de spécification (qui fixe les caractéristiques d'un produit),

• D'organisation et de service (qui décrivent les fonctions de l'entreprise et les activités de service). (Source : AFNOR)

8.5.2 PERSONNEL

Le personnel englobe toutes les personnes qui travaillent au sein de cette entité, occupant divers rôles et responsabilités pour contribuer au bon fonctionnement de l'organisation. Investissez dans le recrutement et le développement de compétences nécessaires au sein de votre équipe. Le personnel joue un rôle crucial dans l'expérience client.

8.5.3 PROCESSUS

Les entreprises doivent souvent gérer et optimiser ces processus pour garantir une prestation de service efficace, cohérente et satisfaisante pour les clients. Cela peut inclure des aspects tels que la gestion des réservations, les interactions avec le personnel, la facilité d'utilisation des services en ligne, etc. Le processus est particulièrement pertinent dans les industries axées sur les services, où la qualité de l'expérience client joue un rôle important. On doit optimiser les processus internes pour garantir une efficacité opérationnelle. Cela peut inclure la gestion des commandes, le support client, etc.

8.5.4 PREUVE PHYSIQUE

La preuve physique ou preuve matérielle est l'aspect palpable de l'entreprise. C'est tout ce que les clients peuvent voir, sentir, toucher, entendre ou gouter. L'apparence et le comportement du personnel peuvent également constituer une preuve physique, surtout dans les industries de services. Il y a aussi les manuels, brochures ou autres documents qui accompagnent un produit ou un service. Donc, vous devez créer des éléments tangibles qui renforcent la crédibilité de votre entreprise ou start-up. Cela peut inclure un site web profession-nel, logo attrayant, etc.

8.5.5 PRIX

1_ Le prix comptable

Le prix comptable est le plus simple à instaurer. Pour qu'une straté-gie de prix comptable soit rentable pour l'entreprise, il est impératif d'avoir une bonne maîtrise de ses coûts directs et indirects de produc-tion. Puis d'ajouter une marge de profit raisonnable pour l'entreprise et ses clients. Pour avoir une idée de la marge de profit raisonnable que vous pouvez ajouter,

2 — Le prix concurrentiel

Le prix concurrentiel est le tarif auquel une entreprise fixe ses produits ou services afin d'être concurrentielle sur le marché par rapport aux autres acteurs du secteur. Il est souvent déterminé en tenant compte des prix pratiqués par les concurrents tout en prenant en considération la valeur perçue par les clients et les coûts associés. Souvent inférieur, égale ou supérieur à celle du concurrent. L'objectif est d'offrir un prix attractif tout en maintenant la rentabilité et la compétitivité.

3— Le prix flexible

Le prix flexible, également appelé tarification flexible, fait référence à une approche où l'entreprise ajuste ses prix en fonction de divers facteurs tels que la demande, la saisonnalité, les promotions, ou d'autres conditions du marché. Cette stratégie permet à l'entreprise de s'adapter rapidement aux changements dans l'environnement commercial et de maximiser ses revenus en exploitant les fluctuations de la demande et de l'offre. Elle offre une certaine souplesse pour répondre aux conditions changeantes du marché.

Le prix écrémage

La stratégie de prix écrémage, ou « skimming » consiste à fixer un prix initial relativement élevé pour un nouveau produit ou service, puis à le réduire progressivement au fil du temps. Cette approche vise généralement à tirer profit des consommateurs disposés à payer davantage pour être parmi les premiers à posséder le produit. Elle est souvent utilisée pour maximiser les profits dans les premières étapes du lancement d'un produit, avant que la concurrence ne s'intensifie et que des ajustements de prix ne soient nécessaires.

Le prix de pénétration

La stratégie de prix de pénétration implique de fixer initialement le prix relativement bas pour un produit ou service afin de pénétrer rapidement le marché et de gagner des parts de marché. Cette approche peut être utilisée pour attirer rapidement des clients, créer une base solide de consommateurs, et entraver la concurrence. Cependant, il est souvent nécessaire d'ajuster les prix à la hausse après avoir établi une position solide sur le marché. La stratégie de pénétration peut être particulièrement efficace lorsque la sensibilité au prix est élevée parmi les clients et que l'entreprise vise à établir une forte présence rapide.

Le prix à valeur ajoutée

Le prix de la valeur ajoutée consiste à fixer un prix plus élevé en mettant en avant les caractéristiques ou avantages supplémentaires qu'un produit ou service offre par rapport à la concurrence. Cela repose sur la conviction que les consommateurs sont prêts à payer davantage pour des fonctionnalités, des services ou une qualité supérieure. Cette stratégie nécessite souvent une communication efficace pour mettre en évidence la valeur ajoutée perçue par le client, justifiant ainsi le prix supérieur. Elle est couramment utilisée dans des secteurs où la différenciation et l'innovation sont des facteurs clés.

Le prix psychologique

Le prix psychologique est une stratégie de tarification basée sur la perception mentale des consommateurs à l'égard d'un prix. Plutôt que de se baser uniquement sur les coûts ou la concurrence, l'entreprise fixe ses prix de manière à influencer positivement la perception des clients. Cette approche vise à créer une perception de meilleure valeur pour le client, même si la différence réelle est minime. Elle est souvent utilisée pour susciter des réactions émotionnelles favorables et encourager les achats.

Le prix promotionnel

Le prix promotionnel est une stratégie de tarification temporaire qui implique la réduction du prix d'un produit ou service pour une période déterminée. Cette tactique est souvent utilisée pour stimuler les ventes, attirer de nouveaux clients, écouler des stocks, ou promouvoir un produit spécifique. Les promotions peuvent prendre diverses formes, telles que les remises, les offres groupées, les rabais saisonniers, les ventes flash, etc. Il s'agit généralement d'une mesure à court terme visant à créer un intérêt accru et à inciter les consommateurs à effectuer des achats pendant la période promotionnelle.

8.5.6 DISTRIBUTION

L'élaboration d'une stratégie de distribution, également appelée canal de distribution, est une étape cruciale pour assurer que le produit atteint efficacement le marché cible. C'est l'acheminement du produit depuis son lieu de production ou **la place** jusqu'à l'arrivée chez le client. Pour bien distribuer vos produits, vous devez comprendre les habitudes d'achat et les préférences de votre public cible. Déterminer où ils sont susceptibles d'acheter et comment ils préfèrent recevoir les produits.

8.5.6.1 Sélection des canaux de distribution

L'identification des canaux de distribution les mieux adaptés au produit et à la clientèle est un élément essentiel pour mieux toucher vos clients. Considérer les canaux **directs** (vente en ligne, vente directe) et indirects (**détaillants**, **grossistes**). Et analyser lequel serait le plus favorable pour votre entreprise.

1- **Distribution directe :** Les produits vont directement du fabricant au consommateur final sans intermédiaire.

2- **Distribution de détaillant** ; les produits passent par un ou plusieurs intermédiaires tels que des grossistes, des distributeurs ou des détaillants avant d'atteindre le consommateur final.

3- Distribution de grossistes : Ce sont des entreprises commerciales qui achètent vos produits pour les vendre aux détaillants.

4- Canal de distribution court : Implique moins d'intermédiaires entre le fabricant et le consommateur. Souvent directement du fabricant au détaillant.

5- Canal de distribution long : Comprends plusieurs intermédiaires entre le fabricant et le consommateur, tels que grossistes, distributeurs et détaillants.

6- Canal de distribution en ligne : Utilise des plateformes numériques pour atteindre les consommateurs, comme les sites web, les applications mobiles ou les plateformes de commerce électronique.

8.5.6.2 Distribution physique

La distribution physique, aussi appelée logistique de distribution, concerne les activités liées au mouvement des produits physiques du fabricant au consommateur. Cela englobe le stockage, le transport et la gestion des points de vente pour assurer une disponibilité optimale des produits sur le marché. Une efficacité dans la distribution physique contribue à la satisfaction des clients et à la compétitivité d'une entreprise sur le marché. Vous devez savoir comment gérer les entrepôts, le stockage et la livraison pour garantir la disponibilité du produit.

8.5.6.3 Relation avec les Intermédiaires

Il est important d'établir des relations solides avec les partenaires de distribution. La distribution physique implique souvent des Relations avec les intermédiaires, tels que les grossistes, les détaillants et les distributeurs, qui facilitent le mouvement des produits entre le fabricant et le consommateur. Ces intermédiaires jouent un rôle crucial dans la chaîne d'approvisionnement en aidant à stocker, transporter et commercialiser les produits, contribuant ainsi à une distribution efficace et à une meilleure couverture du marché. La collaboration avec ces intermédiaires est essentielle pour atteindre un réseau de distribution étendu. Donc, l'entreprise peut offrir des incitations et un support marketing pour stimuler les ventes.

8.5.6.4 Stratégie multicanal

La stratégie multicanal permet d'atteindre un public plus large. La stratégie multicanal consiste à utiliser plusieurs canaux de distribution pour commercialiser et vendre des produits ou services. Cela peut inclure des magasins physiques, des sites web, des applications mobiles, des plateformes de commerce électronique et d'autres canaux. L'objectif est de toucher un large public en offrant une expérience cohérente sur divers points de contact. En améliorant ainsi la visibilité de la marque et la satisfaction client. Cette approche permet également d'adapter la présence de l'entreprise en fonction des préférences et des habitudes d'achat des clients.

8.5.7 COMMUNICATION

Le mix communication, également appelé « mix de communication marketing » ou « mix de communication intégrée », englobe les différentes stratégies et tactiques utilisées par une entreprise pour communiquer efficacement avec son public cible. Il comprend généralement plusieurs éléments, souvent regroupés sous le terme « promotion » dans le marketing mix traditionnel. Généralement, le promoteur d'une entreprise met en place une stratégie de communication pour les raisons suivantes :

Faire connaître l'entreprise

Faire connaître la gamme de produits

Déclencher l'achat

Fidéliser les clients réguliers

Faire face à la concurrence

L'organisme doit définir l'objectif de la Communication. Des objectifs clairs et mesurables pour la communication. Choisissez les canaux les plus appropriés pour atteindre votre public. Et créez des messages publicitaires cohérents avec la marque. Il existe plusieurs canaux de communication que vous pouvez utiliser pour diffuser votre message et atteindre votre public cible. Voici quelques-uns des principaux canaux de communication :

1— Publicité en ligne :

Utiliser des annonces payantes sur des plateformes telles que Google Ads, Facebook Ads, LinkedIn Ads, etc., pour toucher un auditoire spécifique.

Médias sociaux : Plateformes comme Facebook, Twitter, Instagram, LinkedIn, etc., pour interagir avec votre public, partager du contenu et renforcer la notoriété de votre marque.

Marketing par E-mail : Envoyer des messages personnalisés directement aux boîtes de réception de vos abonnés pour promouvoir des produits, partager des mises à jour, etc.

Relations publiques en ligne (e-PR) : Gérer la présence en ligne de votre marque via des communiqués de presse en ligne, des collaborations avec des blogueurs, etc.

– Publicités sociales : Promotion de contenu via des publicités sur les plateformes sociales.

2— Relations publiques (RP) : Travailler avec des médias et
des influenceurs pour obtenir une couverture médiatique et renforcer la crédibilité de votre marque.

3— Contenu marketing : Créer du contenu pertinent et utile
sous forme d'articles de blog, vidéos, infographies, etc., pour attirer, informer et fidéliser votre public.

4. Médias traditionnels : Annonces télévisées, radio, presse écrite pour atteindre un large public.

5. Événements et Salons Professionnels : Participer à des événements physiques ou virtuels pour rencontrer directement votre public, établir des relations et présenter vos produits ou services.

– Événements publics : Participation à des salons, conférences ou événements pour accroître la visibilité.

6. Marketing d'influence : Collaborer avec des influenceurs pour promouvoir vos produits ou services auprès de leur audience. Si cela s'applique à votre industrie, envisagez des partenariats avec des influenceurs pour accroître la visibilité de votre marque.

– Blogs : Publication régulière de contenu informatif sur le site web de l'entreprise.

– Infographies et Vidéos : Création de contenus visuels pour une communication engageante.

7. Marketing direct : Envoyer des messages personnalisés par courrier postal, téléphone, SMS, etc., pour atteindre directement votre public.

8. Bouche-à-oreille : Encourager les clients satisfaits à recommander votre entreprise à leur entourage.

Relations Client (CRM) : Utiliser des systèmes de gestion des relations client pour maintenir une **communication efficace avec les clients actuels.**

Communiqués de Presse : Diffusion d'informations clés sur l'entreprise et ses produits/services.

9. Promotion des Ventes

– Réductions et Offres spéciales : Promotions temporaires pour stimuler les ventes.

– Programmes de Fidélité : Récompenses pour les clients fidèles.

– **Vente personnelle :** Utilisation de représentants de vente pour établir des relations directes.

L'entreprise doit développer un Message cohérent. Assurez-vous que votre message est clair, cohérent et aligné avec les valeurs de votre marque. Créez une histoire captivante pour engager votre public. Élaborez un calendrier de communication pour vos campagnes. Séquencer vos messages pour maintenir l'intérêt du public et éviter la saturation.

8.6 Plan D'action

Pour mettre en œuvre efficacement un plan d'action, la première étape consiste à décomposer chaque objectif en tâches spécifiques et réalisables. Assignez clairement les responsabilités à chaque membre de l'équipe, en veillant à ce que chacun comprenne son rôle dans la réalisation du plan. Une communication transparente est cruciale, alors assurez-vous que toutes les parties prenantes soient informées des détails du plan, des échéances et des attentes.

Allouez les ressources nécessaires, que ce soit en termes de personnel qualifié, de budget adéquat ou de matériel approprié. Suivez logiquement le calendrier établi, en résolvant rapidement les obstacles qui pourraient se présenter. Maintenez une communication continue pour assurer la cohésion de l'équipe et ajustez-vous aux changements potentiels dans le contexte. Veillez à la qualité de chaque étape, car la réussite finale dépend souvent de la rigueur dans l'exécution.

Évaluez régulièrement les résultats par rapport aux objectifs fixés, permettant ainsi des ajustements en cours de route pour maximiser l'efficacité. Célébrez les succès, aussi modestes soient-ils, pour maintenir la motivation de l'équipe. Enfin, documentez soigneusement l'expérience, en notant les défis surmontés, les réussites obtenues et les leçons apprises. Cette rétroaction informée sera précieuse pour affiner les futurs plans d'action et renforcer la capacité de l'équipe à atteindre ses objectifs.

8.7 Budget

Pour établir un budget pour un plan marketing, commencez par définir vos objectifs marketings spécifiques. Ensuite, allouez des ressources en fonction des canaux de marketing que vous prévoyez d'utiliser, tels que la publicité en ligne, les médias sociaux, les événements, etc. Assurez-vous de prendre en compte les coûts liés à la création de contenu, aux outils marketing et à la mesure des performances. Révisez régulièrement votre budget pour l'ajuster en fonction des résultats et des changements dans vos stratégies. Allouez des ressources financières à chaque tactique marketing en fonction de leur efficacité prévue et de la disponibilité de vos fonds.

8.8 Mise en Œuvre

Élaborez un calendrier pour chaque tactique, en spécifiant quand elles seront mises en œuvre pendant combien de temps. Mettez en œuvre les tactiques selon le calendrier établi, en surveillant attentivement leur exécution.

8.9 Mesure et analyse des résultats

– Utilisez des métriques pertinentes pour évaluer les performances de chaque tactique. Cela peut inclure le trafic Web, les taux de conversion, les ventes, etc. Pour mesurer et analyser les résultats d'un plan marketing on doit tenir compte d'abord de l'objectif que vous étiez fixé. Puis utiliser un certain nombre d'indicateurs pour voir si les résultats acceptable, satisfaisant ou très satisfaisant. Vous pouvez utiliser des indicateurs comme :

- Indicateurs d'efficience
- Indicateurs d'efficacité
- Indicateurs de productivité
- Indicateurs de rentabilité
- Indicateurs de compétitivité

Contrairement aux canaux traditionnels, il est plus difficile d'identifier des KPIs.

Mesure de la Satisfaction Client en assurant que vous de recueillir les commentaires des clients et d'utiliser ces informations pour améliorer votre produit ou service.

8.10 Ajustement

En fonction des résultats, ajustez votre stratégie au fur et à mesure pour améliorer la performance. Le marché change, tout comme les besoins des clients. Adaptez régulièrement votre stratégie pour rester pertinent. Une stratégie marketing efficace est un processus continu qui évolue. Elle doit être alignée sur les objectifs de l'entreprise, flexible pour s'adapter aux changements du marché et axés sur la création de valeur pour les clients[35].

---

[35] Lien utile
1- https://blog.hubspot.fr/marketing/plan-marketing
2- https://www.ecommerce-nation.fr/category/e-commerce-nation

Chapitre 9

9. STRATÉGIES DE PRÉSENCE EN LIGNE

La publicité en ligne est un moyen efficace de promouvoir un produit, un service ou une marque sur Internet. Elle offre de nombreuses opportunités pour cibler spécifiquement votre public, mesurer les performances de vos annonces et ajuster votre stratégie en temps réel. Voici un aperçu des principales formes de publicité en ligne :

9.1 Les avantages de la présence en ligne

- visibilité et notoriété
- Fidélisation client et interaction
- Analyse des données
- Coûts abordables
- Accessibilité internationale

9.2 Connaître votre cible

Vous devez définir qui sont vos cibles, pour cela poser les questions suivantes : quelle est ma cible et quel type d'audience participe-t-elle ? Quels sont les types de réseaux que je souhaite toucher ? Quelles sont les expressions qu'utilisent mes cibles sur les moteurs de recherche pour répondre à leurs besoins ? Quels sont les types de sites web que mes cibles visitent ? Quelle est l'étendue géographique, démographique de mes cibles ? Quelles sont ses motivations ? Quels sont ses gouts et ses préférences ? En répondant à ces questions, vous serez parés pour créer une campagne ciblée et efficace. Vous pourrez ainsi répondre à vos objectifs commerciaux.

9.3 Créations des contenus de qualité

Créer des contenus de qualité sur les réseaux sociaux nécessite une approche stratégique. Il est essentiel de connaître votre public cible, en comprenant ses intérêts et ses préférences. Utilisez des visuels attrayants, tels que des images et des vidéos de haute qualité, et accompagnez-les de légendes percutantes. Maintenez une cohérence de marque pour renforcer la reconnaissance. Variez les formats de contenu pour maintenir l'intérêt, interagissez activement avec votre audience et planifiez une stratégie éditoriale pour assurer une présence régulière. Restez au fait des tendances, intégrez des call-to-action pour encourager l'engagement, et analysez les performances pour ajuster votre stratégie en fonction des résultats obtenus. En combinant ces éléments, vous pouvez développer une présence sociale efficace et engageante.

9.4 Publicité sur les Moteurs de Recherche

La publicité sur les moteurs de recherche (SEA) est une branche du marketing en ligne. Des annonces sous forme de texte ou d'images sont publiées sur Google ou Bing. Ces annonces apparaissent ensuite en bonne place dans les SERP. Cette méthode fait partie de la principale source de revenus des fournisseurs de moteurs de recherche. La publicité sur les moteurs de recherche est un moyen rentable d'améliorer les résultats des entreprises et des marques. En effet, le fait d'apparaître en bonne place dans les SERP rend les marques et les produits plus visibles. Quelles sont les principales différences entre SEM, SEA et SEO ? Les technologies de marketing SEO (définition de search engine optimization), SEA (search engine advertising) et SEM (search engine marketing) peuvent être différenciés comme suit :

SEA

Affichage sur les pages de résultats de recherche ou sur d'autres sites en utilisant des méthodes telles que le CPC (coût par clic). Réservation d'annonces dans les SERP en fonction des enchères sur les mots clés pour lesquels elles sont placées.

SEM : Combinaison de SEA et SEO. Elle englobe tous les éléments destinés à améliorer la visibilité d'un site web dans les SERP d'un moteur de recherche.

Objectifs du SEA

La pub fait généralement partie d'une stratégie ou d'image de marque. L'un des principaux objectifs du SEA est d'augmenter le taux de clics, car le nombre de clics sur un site web peut être rapidement augmenté par l'affichage d'un espace publicitaire. Le taux de conversion est également particulièrement important pour la SEA, car il détermine en fin de compte le niveau des coûts publicitaires et donc le ROAS (Mael Guelou).

Les annonces payantes apparaissent en haut des résultats de recherche lorsque les utilisateurs saisissent des mots clés spécifiques. Google Ads est la plateforme la plus populaire pour cette forme de publicité.

9.5 Google Adwords

« Google adwords est le système publicitaire de Google. Il permet d'attirer de nouveaux clients et de faire connaître votre activité sur Internet. Google adwords permet aussi d'afficher des bannières publicitaires ou des vidéos sur des sites et des applications partenaires. L'affichage des annonces est déterminé en fonction des méthodes de ciblages (mots clés, voire du comportement de navigation de l'internaute, le remarketing) ».

Pour créer une annonce publicitaire sur Google, vous devez suivre ses 4 étapes :

9.5.1 Créer un compte sur Google Adwords

Google Adwords est la plateforme de création et de gestion des publicités de Google. Pour créer un compte, vous avez besoin d'une adresse e-mail et d'un site web pour votre entreprise. Tout d'abord aller sur le www.ads.google.com. Lorsque vous avez renseigné votre adresse e-mail, donné l'objectif publicitaire principal de la campagne. Si vous n'avez pas de site, vous pouvez diffuser des annonces sur

Google grâce aux campagnes intelligentes. Puisque Google Ads propose deux modes lorsque vous souhaitez créer un compte : le mode intelligent et le mode expert. Google propose une troisième option qu'on appelle comptes administrateur (CM). Vous pouvez créer un compte Google Ads à partir de votre compte administrateur sans avoir à spécifier d'adresse e-mail ni de mot de passe supplémentaire[36].

9.5.2 Créer une campagne cela peut être une Search ou Display

Une campagne est constituée d'un ensemble de groupes d'annonces. Chaque groupe d'annonce doit correspondre à ce que les utilisateurs intéressent par vos produits ou services rechercher en ligne. Elles contiennent non seulement les annonces mais aussi les mots clés de la diffusion de ces annonces, le type de campagne et votre objectif. Pour créer une campagne, vous devez d'abord définissez : l'objectif de la campagne, sélectionnez les paramètres de la campagne, configurez les groupes d'annonces (standard, dynamique), créez des annonces sur le réseau de recherche et déterminez votre budget.

---

[36] Devenez un expert Google ads, consulté le 22 novembre 2023
https://www.google.com/url?sa=t&source=web&rct=j&opi=89978449&url=https://f.hubspotusercontent40.net/hubfs/7030490/e-book-google-ads.pdf&ved=2ahUKEwir24So7diCAxX4RDABHYGCCp44FBAWegQIDhAB&usg=AOvVaw2VIG-TZgHom2eA0uyapiEA

9.5.3 Créer une annonce en incluant les mots clés, le ciblage et les enchères

Lors de la création de l'annonce, saisissez l'URL finale pour permet à l'internaute de redirige sur la page lorsqu'il clique sur le lien. Saisissez un à trois titres et ces titres seront affichés en bleu en haut de l'annonce. Vous pouvez également personnaliser l'URL qui s'affiche en modifiant le chemin et saisie jusqu'à deux lignes de description. Même si le processus est terminé, Google vous permettre d'ajouter d'autres annonces a votre groupe tout dépend de vos objectifs. Il suffit de cliquer sur nouvelle annonce.

9.5.4 Gérer l'état de l'annonce

Pour contrôler l'état de vos annonces, on doit se diriger et cliquer sur votre campagne et de choisir l'option « active », « pause » ou « terminé ». Vérifiez s'ils sont éligibles ou pas ou s'ils sont en mode veille. Vous devez définir aussi la date de fin de votre campagne.

9.6 Publicité sur les Réseaux sociaux et les ADS

— Les médias sociaux tels que Facebook, Instagram, Twitter et LinkedIn proposent des options de publicité payante qui permettent de cibler des publics spécifiques en fonction de critères démographiques, d'intérêts et de comportements en ligne. Vous devez utiliser la potentialité qui se trouve dans les ADS. Les meilleures publicités en ligne se sont seule qui se faire en utilisant les plateformes payantes. Puisque les réseaux sociaux sont aussi des entreprises. Il est là aussi pour gagner. Et leurs meilleurs clients sont les entreprises. Pour que votre publicité en ligne touche un maximum de personne, vous devez utiliser les Advertisement (Ads) comme :

Facebook ET Instagram Ads

YouTube Ads

LinkedIn Ads

TIkTOK Ads

Google Ads

Pour utiliser ses applications, vous devez créer un compte professionnel. La création de ce compte est facile, il suffit de leur téléchargé. Créer un compte d'utilisateur puis créer un compte pro.

9.7 Publicité Display

— Les annonces display sont des bannières, des vidéos ou des images publicitaires diffusées sur des sites web, des blogs et des applications mobiles. Elles visent à accroître la visibilité de votre marque. La publicité display a de nombreux avantages ; elle est une publicité de qualité, avec un contenu graphique bien présenté et quasi illimité. Elle permet de fait du ciblage et du remarketing par rapport aux informations collectées lorsqu'une personne a consulté la page en question. Et surtout aux données, puisque le système de données va dans les deux sens, en effet les différents outils d'analyse comme Google Analytics permettent de comprendre comment la publicité fonctionne et de l'améliorer en fonction. Cela permet d'optimiser tous les types de contenus facilement (Sendpulse, mars 2023).

9.8 Les types de publicité display

L'habillage : L'habillage est une publicité display permettant de prendre toute la place sur une page Internet. Généralement, cette publicité fait tout le contour du site web pour ne pas venir empiéter sur l'information qui se trouve au centre. Très visible et pratique pour l'utilisateur, elle est aussi très coûteuse.

Masthead : le masthead correspond au bandeau tout en haut de l'écran. C'est un lieu particulièrement visible, mais qui ne gêne pas l'utilisateur, car cette zone se situe en dehors de la page web.

Bannière : La bannière est un rectangle qui peut venir s'intercaler n'importe où dans la page du site.

Vidéo : Le display vidéo est un format très courant, car le contenu vidéo attire beaucoup plus l'attention de l'utilisateur.

Vidéo Adbreak : Dans le display vidéo, on distingue souvent le « classique » du « adbreak ». Le display vidéo adbreak vient interrompre l'utilisateur et permet donc de capter totalement son attention, avant de lui permettre de reprendre sa lecture sur la page en question. Souvent, il n'est pas possible de la passer tout de suite, ce qui oblige d'autant plus à la regarder[37].

9.9 Publicité vidéo en Ligne

— Les annonces vidéo peuvent être diffusées sur des plateformes telles que YouTube, Vimeo et les médias sociaux. Elles sont particulièrement efficaces pour raconter une histoire ou démontrer un produit.

9.10 Publicité native

La publicité native, ou « native Ads » ou « native Advertising » en anglais, consiste à créer des publicités qui sont cohérentes avec le contenu de la page, parfaitement bien intégrées graphiquement et conformes à la façon dont fonctionne la plateforme. De ce fait, le lecteur a l'impression qu'elles en font partie intégrante de la page web sur laquelle il navigue[38]. Ce type de publicité peuvent apparaît

---

37

https://www.google.com/url?sa=t&source=web&rct=j&opi=89978449&url=https://sendpulse.com/fr/support/glossary/display-advertising&ved=2ahUKEwjT0YqugdiCAxVMQTABHYIeCDMQFnoECDEQAQ&usg=AOvVaw0K5Lu-e-bGhbdQmK1Ds3QD

38

https://www.google.com/url?sa=t&source=web&rct=j&opi=89978449&url=https://www.taboola.com/fr/publicite-na-tive%23:~:text%3DQu%27est%252Dce%2520que%2520la,fa%25C3%25A7on%2520dont%2520fonctionne%2520la%2520plateforme.&ved=2ahUKEwiSgZ7KhdiCAxWUVTABHXy8BBMQFnoECBYQBQ&usg=AOvVaw18_T_4nJ6jJzaGwi8mnq6G

sous différentes formes et sur différentes plateformes, comme le contenu sponsorisé, les annonces de flux de réseaux sociaux, les applications mobiles, etc. Les annonces natives sont conçues pour s'intégrer harmonieusement au contenu existant sur une page web ou une application. Elles sont moins intrusives et plus engageantes.

Elles constituent de nombreux avantages pour l'entreprise et aussi pour la page. Les taux de clics sont plus élevés que ceux des publicités par affichage et d'autres types de publicité en ligne.

Les publicités natives sont très attrayantes car elles ne gênent pas les personnes qui la regardent puisqu'ils sont souvent compatibles aux contenus.

9.11 Publicité Remarketing

Le remarketing est une annonce publicitaire ou un e-mail de suivi qu'un nombre de personnes recevez d'une entreprise après avoir consulté son site web. Le remarketing est un une technique cruciale en marketing, il peut et de toucher de façon efficace les clients qui ont visité vos sites web. Vous pouvez inciter les clients à retourner sur le site avec des offres spéciales lorsqu'il a déjà ajouté un produit au panier. Il est une technique qui permet de cibler les personnes qui ont déjà visité votre site web ou interagi avec votre marque en leur affichant des annonces personnalisées pour les encourager à revenir ou à effectuer un achat. Les services de remarketing sont Google et Facebook. Grâce au retargeting Facebook[39], vous traquez les pages visitées par les internautes sur votre site et vous leur proposez, ensuite, des publicités ciblées sur le réseau social. Ainsi, parce que de nombreuses personnes prennent du temps pour se décider, en vous rappelant constamment à elles et en leur fournissant des offres ciblées par le biais de Facebook, vous augmentez vos chances de vendre. Il vous suffit, pour cela, de rajouter un code fourni par le géant américain au sein de votre site et de créer une publicité Facebook adaptée.

Comment mettre en place une campagne de remarketing Adword :

1 — Aller sur le site Google Adwords. Puis, cliquez sur « Bibliothèque partagée ».

2— Choisissez « Audience » et cliquez sur « Configurer une campagne de remarketing » dans le menu qui s'affiche. Il y a deux options : le remarketing classique et le remarketing dynamique.

Le remarketing classique parait plus simple que la dynamique par rapport à l'exigence maintenue par Google. Puis le remarketing dynamique demande un grand nombre de données.

Pour créer vos listes, vous avez 4 possibilités (avec différentes options) :

---

[39] https://blog.casaneo.fr

Tous les visiteurs de votre site

Les adresses e-mail récupérées

Les personnes qui ont utilisé votre application mobile

Les internautes qui utilisent YouTube

Chacune d'entre elles est paramétrable

Vous pouvez leur donner un nom

Vous y intégrez la ou les URL des pages visitées (ou non) ;

Vous indiquez la durée de validité des cookies (entre 1 et 540 jours) ;

Vous y ajoutez une description (si vous êtes plusieurs à travailler sur le même compte Adwords).

Après avoir créé vos listes, vous mettez en place différents scénarios en fonction des comportements de vos clients.

9.12 Publicité programmatique

La publicité programmatique est une méthode d'achat média qui permet de cibler des audiences très précises, en fonction du profil, du comportement, des besoins et des intérêts du prospect. Elle est une technique cruciale pour l'entreprise, elle permette d'augmente la visibilité de l'entreprise. Elle est également un outil d'acquisition. L'entreprise peut utiliser différentes méthodes de ciblage en publicité programmatique, comme le ciblage comportemental, le ciblage géographique, et le ciblage contextuel.

Les éditeurs et les annonceurs ne sont pas en contact direct : ils renseignent leurs exigences respectives dans une plateforme d'Ad-échange, qui identifie les correspondances pour diffuser la bonne publicité au bon endroit[40]. *La SSP, Supply Side Platform, est destinée aux éditeurs qui vendent des espaces publicitaires en ligne. C'est sur une SSP qu'un éditeur met à disposition son « inventaire », c'est-à-dire l'ensemble de ses emplacements publicitaires, et ses conditions de vente : prix, disponibilités ou encore formats de publicité acceptés. La DSP, Demand Side Platform, est destinée aux annonceurs : ils y renseignent leurs critères de ciblage et de budget, et le format de leur publicité. L'Ad-échange fait le lien entre les SSP et les DSP : la plateforme connecte automatiquement les éditeurs aux annonceurs pour permettre la rencontre automatisée de l'offre avec la demande, dans les meilleures conditions de rentabilité.*

---

[40] Amiel Adamony, Publicité programmatique : le guide complet, consulté le 22 novembre 2023

https://www.google.com/url?sa=t&source=web&rct=j&opi=89978449&url=https://blog.hubspot.fr/marketing/publicite-programma-tique&ved=2ahUKEwj31K_G8tiCAxWWRjABHdSbB5kQFnoECCwQAQ&usg=AOvVaw0hKVwlN0l6Yz0B8Z87vLq-

— La publicité programmatique utilise des algorithmes pour acheter des annonces en temps réel, en ciblant des segments spécifiques de votre audience. Cela peut inclure la publicité sur les réseaux sociaux, les moteurs de recherche, les sites web et les applications mobiles.

9.13 Push web

Cette technologie vous permet d'attirer l'attention des utilisateurs lorsqu'ils sont en ligne. Ces messages apparaissent dans le coin de votre écran pour vous rediriger vers une page web particulière après que vous cliquez sur eux. Par exemple, un café peut vous envoyer une notification matinale en vous proposant la remise de 20 % pour les commandes faites avant 10 h. Les utilisateurs abonnés aux notifications push pour rester en contact avec la marque [2] et être les premiers à être informés des nouveautés et mise à jour[41].

9.14 Publicité par E-mail

La publicité par E-mail ou l'emailing, est un type de marketing direct dans laquelle une entité envoi des e-mails promotionnels à une liste de contacts collectée dans le but de prospecter, fidéliser ou informer. C'est une approche ciblée, personnalisée et rentable. Il est important de segmente vos cibles en fonction de leur besoin. La segmentation consiste à regrouper les contacts en une liste spécifique en fonction de leurs intérêts. L'envoi d'e-mails promotionnels ciblés à

---

[41] https://sendpulse.com/fr/support

une liste de contacts qualifiés peut être une forme efficace de publicité en ligne pour fidéliser les clients et générer des ventes.

9.15 Publicité Mobile

Ce type de publicité apparaît sur les Smartphones et les tablettes. Les entreprises peuvent faire de la publicité par SMS, auprès des utilisateurs qui donnent leurs consentements, ou par l'affichage d'annonces dans le navigateur optimisé pour les appareils mobiles. Si vous gérez un magasin de chaussures, les annonces mobiles sont particulièrement bonnes pour la publicité auprès du public local avec les offres spéciales du moment. Les annonces spécialement conçues pour les appareils mobiles, comme les publicités in-app, peuvent atteindre efficacement les utilisateurs de Smartphones et de tablettes[42].

9.16 Publicité sur les Marketplaces en ligne

« Une place de marché (marketplace) est une plateforme d'intermédiation en ligne entre des vendeurs et des acheteurs (particuliers ou professionnels) où l'opérateur est un tiers de confiance : il sécurise les transactions, intervient en cas de litige et apporte un carrefour d'audience et des fonctionnalités au vendeur ainsi qu'une garantie "enchanté ou remboursé" à l'acheteur ». Le marketplace offre un ensemble d'avantages aux entreprises. D'abord, il permet d'augmenter la visibilité de l'entreprise ainsi que ses produits. L'effet

---

[42] https://sendpulse.com/fr/support

de poster vos produits sur une place de marché donne la possibilité d'élargie vos clients cibles, mais aussi de touche plus de prospects. Cela est aussi une technique pour faire de nouvelle acquisition et il donne la possibilité d'améliorer l'image de la marque. Ensuite, il peut être considéré comme un canal de distribution additionnel. Alain Keravec disait qu'il existe peu de risque, car la marketplace est un des seuls véritables Win-Win du commerce entre le vendeur et la marketplace. Si vous vendez des produits en ligne, vous pouvez utiliser des publicités sur des plateformes de commerce électronique telles qu'Amazon ou eBay pour atteindre les acheteurs potentiels.

9.16.1   Publicité Contextuelle

La notion de publicité contextuelle recouvre l'ensemble des techniques publicitaires qui consiste à cibler une audience grâce à des supports spécifiques en fonction du contexte dans lequel se trouve l'individu exposé au message[43]. Il est diffusé en fonction du contexte de l'audience consultée par vos clients. C'est une situation par lequel on peut vraiment toucher les mœurs de vos cibles puisqu'ils sont affichés dans le contexte où il a besoin de ses informations. Ce type de

---

[43] Écrit par B. Bathelot, modifié le 08/12/2021, consulté le 23 novembre 2023
https://www.google.com/url?sa=t&source=web&rct=j&opi=89978449&url=https://www.definitions-marketing.com/definition/publicite-contex-
tuelle/&ved=2ahUKEwiG9MbQsNmCAxVETDABHcxsD_0QFnoECBMQAQ&usg=AOvVaw28PQ551YqnlKRRmaYDMWG4

publicité est apparaisse au moment même qu'il effectuer une recherche sur un produit ou un service similaire.

9.17 Comment faire du marketing contextuel ?

Tout d'abord, il faut identifier ce qu'on veut mettre de l'avant (le produit, la marque, la manière de consommer le produit, etc.) et ensuite d'identifier des environnements permettant de contextualiser cet élément. Ces environnements n'ont pas nécessairement besoin d'être sélectionnés en fonction des critères démographiques de la cible. L'important est de se positionner dans un contexte pertinent pour la cible.

Il est également possible d'utiliser des algorithmes qui identifient plusieurs signaux sur un site tel que le texte, les mots clés, les images, les vidéos ou la catégorie d'un site web. Cependant la contextualisation ne s'applique pas uniquement au numérique, il est également possible de décliner les initiatives en médias traditionnels.

Plusieurs approches sont possibles :

La première est de sélectionner des environnements contextuels au produit. Par exemple, la campagne des éleveurs de volailles du Québec (EVQ) cherchait à rejoindre ses clients au moment de la planification de leurs repas hebdomadaires. Pour ce faire, les annonces ont été incorporées dans des contextes culinaires sur des sites de recettes locaux tels que trois fois par jour.

Publicité contextuelle sur des sites de recettes.

Affiche Shape

Une troisième approche est de prendre en compte les facteurs extérieurs comme la météo ou la saisonnalité et de proposer des annonces en fonction de ces éléments. Par exemple, pour la campagne pour les pneus hiver de Point S, la stratégie était de miser sur la météo en temps réel afin de pousser les annonces lors des journées les plus froides.

— Les annonces contextuelles sont affichées en fonction du contenu de la page web ou de l'article que l'utilisateur consulte, ce qui les rend pertinentes pour leur intérêt du moment.

N.B. Vous devez faire souvent des analyses et Suivis, gérer les Interactions et les engagements des clients. Et faire une bonne gestion de votre réputation La publicité en ligne offre une grande flexibilité en termes de budget, de ciblage et de mesure des résultats. Cependant, pour réussir, il est important de définir des objectifs clairs, de cibler le bon public, de concevoir des annonces attrayantes et de surveiller et ajuster votre campagne en fonction des performances.

Chapitre 10

10. La fiscalité d'entreprise

La fiscalité d'entreprise concerne les impôts et les obligations fiscales auxquels les entreprises sont soumises en fonction de leur structure juridique, de leur secteur d'activité et de leur situation financière.

10.1 Prélèvements obligatoires

Les prélèvements obligatoires englobent les impôts, les taxes, les redevances et les cotisations sociales.

10.2 L'impôt

Les impôts recouvrent les prélèvements pécuniaires obligatoires effectués à titre définitif sans contrepartie immédiate et qui servent à couvrir les charges publiques. Il est une prestation de valeur pécuniaire obligatoire effectuée par l'État sur les revenus des personnes physiques ou morales pour financer ses dépenses.

10.3 Les Taxes

Les taxes sont des contreparties directes d'un avantage dont profite le contribuable, en raison de l'utilisation d'un service public. Les taxes sont des prélèvements obligatoires imposés par les autorités gouvernementales. Elles peuvent prendre diverses formes et sont généralement utilisées pour financer les dépenses publiques. Les principales catégories de taxes comprennent les impôts sur le revenu, les taxes sur la consommation (comme la TVA), les taxes sur la propriété, les droits de douane sur les importations, et d'autres prélèvements similaires.

10.4 Les redevances

Paiement obligatoire en échange d'un service spécifique fourni par une entité publique ou privée. Elle est versée en contrepartie d'un service utilisé par le payeur. Elle n'est par conséquent acquittée que par les usagers d'un service public.

10.5 Les cotisations sociales

Les cotisations sociales sont des contributions financières versées par les travailleurs ou les employeurs pour financer divers régimes de sécurité sociale, tels que l'assurance maladie, l'assurance-emploi et les pensions de retraite. Ces cotisations sont souvent obligatoires et sont destinées à soutenir le système de protection sociale en garantissant des prestations aux individus en cas de maladie, de chômage ou de retraite. Les taux et les règles spécifiques peuvent varier d'un pays à l'autre.

10.6 Impôt direct

Un impôt direct est un prélèvement financier imposé directement sur une personne physique ou une entité économique. Il est payé directement par le contribuable au gouvernement. L'impôt sur le revenu est un exemple courant d'impôt direct, car il est prélevé immédiatement sur les revenus d'une personne. D'autres exemples d'impôts directs incluent l'impôt sur les sociétés et l'impôt sur la fortune. Ces impôts sont distincts des impôts indirects, tels que la TVA, qui sont appliqués sur les biens et services plutôt que sur les revenus ou les profits directement.

10.7 Impôt sur le revenu

L'impôt sur le revenu est un impôt prélevé sur les revenus gagnés par les particuliers. Les contribuables déclarent leurs revenus annuels, et en fonction de ces revenus, des taux d'imposition progressifs sont appliqués. Cela signifie que plus le revenu n'est élevé, plus le taux d'imposition ne peut être élevé. Les gouvernements utilisent les recettes de l'impôt sur le revenu pour financer divers services publics et programmes.

10.8 Impôt sur les sociétés

L'impôt sur les sociétés est un impôt prélevé sur les bénéfices des sociétés. Les sociétés, en tant qu'entités juridiques distinctes, paient cet impôt sur leurs profits nets. Le taux d'imposition sur les sociétés varie d'un pays à l'autre, et certaines régions peuvent également avoir des taux différents pour les petites entreprises par rapport aux grandes. L'impôt sur les sociétés est une source significative de revenus pour de nombreux gouvernements et contribue au financement des services publics.

10.9 Impôt sur la plus-value immobilière

L'impôt sur les plus-values immobilières est un prélèvement fiscal appliqué sur le gain réalisé lors de la vente d'un bien immobilier. Le montant de la plus-value est généralement déterminé en soustrayant le prix de vente du bien immobilier du prix d'achat initial, ajusté éventuellement par des frais et améliorations.

10.10   Impôt indirect

Un impôt indirect est un prélèvement financier qui n'est pas directement perçu auprès du contribuable, mais plutôt sur la consommation de biens et services. Ces impôts sont souvent inclus dans le prix des produits et services, et les consommateurs les paient indirectement lorsqu'ils effectuent des achats. La taxe sur la valeur ajoutée (TVA) est un exemple courant d'impôt indirect. D'autres exemples comprennent les droits de douane sur les importations et certaines taxes spécifiques sur des biens particuliers.

10.11   La TVA

La TVA, ou Taxe sur la Valeur ajoutée, est un impôt indirect prélevé sur la consommation des biens et services. Contrairement à un impôt sur le revenu, la TVA est collectée à chaque étape de la chaîne de production et de distribution, de la fabrication au consommateur final.

10.12   Les Taxes parafiscales

Les taxes parafiscales sont des prélèvements obligatoires similaires aux impôts, mais ils ne sont pas directement perçus par l'administration fiscale principale. Ces taxes sont généralement levées pour financer des services ou des activités spécifiques liées à un secteur particulier de l'économie.

Les fonds collectés par le biais de taxes parafiscales sont souvent destinés à des organisations ou des conseils sectoriels qui peuvent être responsables de la promotion, de la régulation ou du développement de ce secteur spécifique. Par exemple, une taxe parafiscale sur la production agricole pourrait être utilisée pour financer des projets de recherche agricole ou des programmes de développement rural.

10.13   La Taxe de circulation

Les taxes de circulation, également appelées taxes sur les véhicules, sont des prélèvements fiscaux imposés aux propriétaires de véhicules en raison de leur utilisation sur les routes publiques. Ces taxes peuvent varier en fonction de divers facteurs, tels que la puissance du moteur, le type de carburant, l'âge du véhicule, ou d'autres caractéristiques spécifiques définies par la législation fiscale locale.

10.14   Taxe sur les permis de construction

Les permis de construction sont des autorisations officielles délivrées par les autorités compétentes, généralement au niveau local, permettant la réalisation de travaux de construction, de rénovation ou d'agrandissement d'un bâtiment. Ces permis sont nécessaires pour garantir que les projets respectent les normes de construction en vigueur, les règles d'urbanisme et les réglementations locales.

10.15   Taxe locale

La taxe locale est un type de prélèvement financier imposé par une autorité locale, comme une municipalité ou un gouvernement régional. Elle est généralement destinée à financer des services et des infrastructures au niveau local, telle que les écoles, les services de santé, la collecte des déchets, les routes, et d'autres besoins communautaires.

10.16   Taxe sur masse salariale

Taxe basée sur la masse salariale totale d'une entreprise. Par exemple, pour financer la Sécurité sociale.

10.17   Droit de douane

Taxe prélevée sur les biens importés ou exportés. Les importations et les exportations sont soumises à des droits de douane, et les entreprises doivent se conformer aux règles douanières. Ce sont des droits inscrits au tarif des douanes sont passibles les marchandises qui entrent sur le territoire douanier ou qui en sortent.

10.18   Incitation fiscale

L'incitation fiscale est une politique menée par l'État pour encourager les investissements dans des secteurs spécifiques, tels que le tourisme et la production agricole. Ils peuvent accorder sous forme d'aides ou crédit.

10.19 Optimisation fiscale

L'optimisation fiscale est une pratique courante dans le monde des affaires, visant à minimiser légalement la charge fiscale d'une entreprise. Nous examinerons les stratégies d'optimisation fiscale, telles que la gestion des crédits d'impôt, la structuration efficace des activités et l'utilisation judicieuse des pertes fiscales reportées.

10.20 Droit de timbre

Le droit de timbre, également appelé taxe de timbre, est une taxe perçue sur certains documents officiels, contrats, et actes légaux. Ce type de taxe est généralement lié à la formalisation d'actes juridiques et administratifs.

Avantages fiscaux accordés pour encourager certaines activités économiques.

10.21 Contribuable

Personne physique ou morale assujettie au paiement d'impôts.

10.22 Redevable

Personne ou entité responsable du paiement d'une taxe ou d'un impôt. Il y a deux types de redevable. Redevable légale : personne qui prélève et verse l'impôt, mais ne supporte pas directement l'impôt. Et le redevable réel qui est celui qui supporte la charge de l'impôt ou la personne qui paie l'impôt indirectement.

10.23   Caractéristique pécuniaire de l'impôt

Le caractère pécuniaire de l'impôt signifie que l'obligation fiscale est exprimée en termes monétaires. En d'autres termes, l'impôt doit être payé sous forme d'argent, et sa mesure est liée à une valeur moné-taire. Cela distingue l'impôt des autres types de contributions, car il implique un prélèvement financier en espèces plutôt qu'en nature ou en services.

10.24   Caractéristique définitive de l'impôt

Le caractère définitif de l'impôt signifie que, une fois payé, l'impôt ne peut généralement pas être remboursé ou restitué, sauf dans des circonstances spécifiques prévues par la législation fiscale. En d'autres termes, le contribuable n'a pas le droit de récupérer la somme versée au titre de l'impôt, sauf en cas d'erreurs ou d'exceptions spécifiques prévues par la loi.

10.25   Contribution sociale

La contribution sociale est une forme de prélèvement financier desti-née à financer des programmes sociaux ou des systèmes de sécurité sociale. Elle peut être prélevée sur les revenus du travail, les revenus du capital ou d'autres sources, selon les dispositions législatives en vigueur. Ces contributions sont souvent obligatoires et visent à sou-tenir des services tels que l'assurance maladie, l'assurance-emploi, les pensions de retraite, et d'autres prestations sociales. Les taux et les règles spécifiques varient d'un pays à l'autre.

10.26   Prélèvement fiscal

Les prélèvements fiscaux sont des sommes d'argent retirées automatiquement des revenus des contribuables par les autorités fiscales. Ils sont destinés à financer les dépenses de l'État. Ils comprennent généralement les impôts sur le revenu, les cotisations sociales, les taxes sur la consommation, les droits de succession, et d'autres contributions financières obligatoires imposées par le gouvernement. Ces fonds sont utilisés pour financer les services publics, les programmes sociaux et d'autres dépenses gouvernementales. Les types et les taux de prélèvements fiscaux varient d'un pays à l'autre.

10.27   Prélèvement parafiscal

Les prélèvements parafiscaux font référence à des contributions financières imposées par des organismes autres que l'administration fiscale principale. Contrairement aux impôts qui sont collectés par le gouvernement pour financer les dépenses publiques, les prélèvements parafiscaux sont destinés à soutenir des organismes ou des initiatives spécifiques.

10.28   Impôt sur la consommation

L'impôt sur la consommation est un type d'impôt prélevé sur les biens et services consommés. Il peut prendre différentes formes, notamment la taxe sur la valeur ajoutée (TVA) ou la taxe sur les biens et services. Contrairement à l'impôt sur le revenu, qui taxe les revenus des individus, l'impôt sur la consommation est appliqué aux achats de biens et services. Les consommateurs paient cet impôt indirectement lorsqu'ils effectuent des achats, car il est généralement inclus dans le prix des biens ou services.

10.29   Impôt promotionnel

Taxe réduite ou différée dans le but de favoriser certaines activités économiques.

10.30   Impôt progressif

L'impôt progressif est un système fiscal où le taux d'imposition augmente à mesure que le revenu imposable de la personne augmente. En d'autres termes, à mesure que le revenu croît, la part du revenu soumis à l'impôt est taxée à des taux plus élevés. Cela vise généralement à répartir la charge fiscale de manière plus équitable, en demandant une contribution plus importante aux contribuables ayant des revenus plus élevés.

10.31   Impôt sur le capital

 L'impôt sur le capital atteint le capital lorsqu'il change de main (à l'occasion d'une transaction). L'exemple type d'impôt sur le capital est le droit d'enregistrement.

10.32   Patente

La patente est un impôt direct. Taxe professionnelle perçue sur certaines activités commerciales, industrielles ou libérales. Il comporte un droit fixe et un droit variable. Le droit fixe est déterminé, en fonction du secteur d'activité économique et du groupe auquel appartient la commune du lieu de l'établissement. Le droit variable est obtenu en multipliant la base définie ci-après par le taux de deux mille.

10.33   Droit de Conservation foncière

Taxes ou frais liés à la gestion des registres fonciers. Il permet de reconnaitre dans la démarche d'immatriculation des terrains et de l'inscription des droits réels dans la propriété foncière.

10.34   Retenus à la source

Les retenues à la source sont un prélèvement directement effectué par l'employeur sur le salaire d'un employé.

10.35   Traités de double imposition

Un traité de double imposition est un accord entre deux pays visant à résoudre le problème de taxation des revenus dans les deux juridictions. L'objectif principal de ces traités est d'éviter que le même revenu ne soit soumis à l'impôt dans les deux pays, ce qui pourrait entraîner une double imposition.

10.36   Assiette d'imposition

L'assiette fiscale désigne la base sur laquelle est calculé un impôt. Il représente le montant ou la valeur sur lesquels sont appliqués les taux d'imposition pour déterminer la somme totale à payer. Par exemple, dans le cas de l'impôt sur le revenu, l'assiette fiscale serait le revenu total d'un individu ou d'une entreprise.

10.37   Fait générateur

Le fait générateur de l'impôt est constitué par l'événement ou l'acte qui fait naître la dette vis-à-vis du fisc. Le fait générateur de l'impôt peut être concomitant avec son exigibilité comme il peut en être distinct.

10.38   Liquidation

C'est procéder aux différentes opérations de détermination et de calcul en vue d'arrêter le montant net dû au trésor.

10.39   Obligations déclaratives

Obligation pour les contribuables de fournir des déclarations fiscales précises. Les entreprises doivent respecter les échéances pour déposer leurs déclarations fiscales et payer leurs impôts. La déclaration définitive d'impôt sur le revenu doit être souscrite par les personnes suivantes :

Toutes personnes physiques ayant leur domicile fiscal en Haïti, en raison de l'ensemble de leurs revenus.

Toutes les personnes physiques vivant en dehors d'Haïti, en raison de leurs revenus de source haïtienne. Sont considérés comme ayant leur domicile fiscal en Haïti :

– Les personnes qui ont en Haïti leur foyer ou qui y séjournent pendant plus de cent quatre-vingt-trois (183) jours au cours d'une année d'imposition.

– Celles qui exercent en Haïti une activité professionnelle salariée ou non, ou bien

– Celles qui ont en Haïti le centre de leurs intérêts économiques

10.40 Les avantages fiscaux

Bénéfices ou réductions d'impôt accordé pour certaines actions ou situations spécifiques. Les avantages fiscaux se réfèrent à diverses déductions, crédits ou exemptions offerts par les autorités fiscales pour encourager certains comportements, investissements ou situations. Ces avantages peuvent inclure des réductions d'impôts pour les dépenses éducatives, les dons de bienfaisance, les investissements dans des régions spécifiques, les économies d'énergie, etc. Ils visent souvent à stimuler des activités considérées comme bénéfiques pour l'individu ou la société dans son ensemble.

10.41 Les principes économiques de la fiscalité

Neutralité

Le principe de neutralité fiscale vise à concevoir des systèmes fiscaux qui n'influencent pas indûment les décisions économiques des contribuables. En d'autres termes, il cherche à éviter que les choix des individus ou des entreprises soient guidés par des considérations fiscales plutôt que par des considérations économiques légitimes. Un système fiscal neutre cherche à minimiser les distorsions écono-

miques résultant des politiques fiscales, favorisant ainsi une allocation efficace des ressources

Efficience.

 Dans le contexte fiscal, cela signifie concevoir des politiques fiscales
qui minimisent les distorsions économiques et favorisent une utilisation efficace des ressources. Un système fiscal efficient cherche à
atteindre ses objectifs avec le moins de coûts économiques possible,
minimisant ainsi les perturbations sur le comportement des individus
et des entreprises. Cela peut impliquer la simplification des règles
fiscales, la minimisation des effets de seuil, et la réduction des incitations indésirables.

Simplicité

*Le principe de simplicité impliquant le droit à la bonne information
du contribuable conditionne la bonne application de la loi fiscale et
favorise son acceptation par les agents économiques. Il suppose que
les textes fiscaux et les procédures fiscales soient d'une compréhension facile et accessible même aux non spécialistes pour que le contribuable puisse accéder facilement à l'information sur ses obligations et ses droits et être à même d'évaluer le montant des impôts
qu'il a à payer et en tenir compte dans ses prises de décisions économiques. L'existence de textes fiscaux clairs, explicites, sans piège
et respectueux des principes fondamentaux du droit et d'instructions
administratives conformes aux textes réglementaires et facilement*

*accessibles pour tous, est de nature à accroître le sentiment de sécu-
rité et d'équité fiscales. Plus un texte est rendu accessible à tous, plus
il constitue un moyen de pression de nature à influencer le comportement des contribuables.*

Équité

Le principe d'équité fiscale repose sur l'idée que les charges fiscales
doivent être réparties de manière juste et équitable entre les contribuables en fonction de leur capacité à contribuer. Il vise à garantir
que le fardeau fiscal est supporté de manière proportionnelle aux revenus et à la capacité financière de chaque contribuable.

Flexibilité

Le principe de flexibilité en fiscalité suggère que les systèmes fiscaux
devraient être suffisamment adaptables pour répondre aux changements dans l'économie, la société ou d'autres circonstances. Cela
implique la capacité d'ajuster les règles fiscales, les taux
d'imposition et d'autres éléments du système fiscal pour refléter de
manière appropriée les évolutions économiques et sociales. La flexibilité fiscale permet aux autorités de réagir aux changements impré-
vus et de promouvoir un environnement fiscal qui soit plus réactif
aux besoins changeants de la société et de l'économie[44].

---

[44] Lien utile
   1- https://www.jobpaw.com/assets/strategiepays/28.pdf

Chapitre 11

11. La gestion financière

La gestion financière est un processus stratégique visant à établir, contrôler et surveiller toutes les ressources financières pour atteindre les objectifs financiers de l'entreprise. La gestion financière en entreprise revêt une importance cruciale pour assurer sa santé et sa croissance. Elle englobe diverses facettes : la planification financière, la gestion des liquidités, les investissements et le contrôle des risques. La planification financière implique l'établissement de budgets, de prévisions et de stratégies pour allouer les ressources de manière efficace. La gestion des liquidités garantit que l'entreprise dispose des liquidités nécessaires pour ses opérations quotidiennes. Les investissements sont étudiés minutieusement pour maximiser les rendements et minimiser les risques. En outre, la gestion des risques financiers vise à identifier, évaluer et atténuer les risques auxquels l'entreprise peut être confrontée. Ensemble, ces pratiques forment le socle d'une

---

2- http://www.profiscal.com
3- https://www.google.com/url?sa=t&source=web&rct=j&opi=89978449&url=https://www.ifrc.org/docs/IDRL/Haiti/Code_de_Douanes.pdf&ved=2ahU-KEwjK58KBss6CAxXqSDABHV0gDyEQFnoECCIQAQ&usg=AOvVaw2vs0XwRU1OXAPV-GYuL69I
4- https://cpp.hec.ca/wp-content/uploads/2015/10/PP-2015-04A.pdf

gestion financière robuste et éclairée pour les entreprises, leur permettant de naviguer avec succès dans un environnement commercial complexe.

11.1 Planification financière

La planification financière est une étape essentielle pour modéliser les orientations stratégiques d'une entreprise et optimiser ses performances financières et commerciales. Elle analyse les ressources financières de façon approfondie pour répondre aux objectifs de l'entreprise. L'objectif financier doit être SMART, à savoir spécifique, mesurable, atteignable, réaliste et temporel. Elle englobe l'examen des pratiques comptables et l'identification des sources de financement afin de garantir que l'ensemble du budget soit correctement géré. En anticipant les coûts futurs, la planification commerciale permet aux entreprises de prévoir les potentielles situations imprévues pour y faire face et assurer la pérennité de l'entreprise. Grâce à la planification financière, il est possible de prendre des décisions stratégiques éclairées pour que l'entreprise reste compétitive dans son domaine. Elle permet de mieux orienter les investissements nécessaires et de savoir quels produits ou services se vendent le mieux. La planification financière offre une vision claire sur la performance passée, actuelle et future de l'entreprise. Ce qui permet, par la suite, d'optimiser les activités commerciales pour atteindre les objectifs fixés. Et ainsi maximiser la rentabilité de l'entreprise à long terme[45]. Il est un processus continu, c'est-à-dire qu'il est essentiel de faire des ajustements dans le temps. Et il faut suivre régulièrement les résultats obtenus pour voir si les objectifs de l'entreprise sont atteints ou non. La planification financière est une étape fondamentale pour toute entreprise, impliquant plusieurs aspects clés :

11.1.1   Établir des budgets précis

L'établissement d'un budget en gestion financière permet de mieux aboutir aux objectifs de l'entreprise. Fixer des objectifs financiers clairs, par exemple, allouer 20 % du budget annuel à la croissance marketing. Identifier les besoins de chaque département et établir des budgets en conséquence pour les dépenses, les investissements et les opérations. Pour établir le budget, on doit tenir compte des coûts fixes, des coûts variables et des investissements à long terme.

---

[45] Raphaël Gourdon, Planification financière : définition et intérêt pour votre entreprise,4 août 2023, consulté le 14 novembre 2023
https://www.google.com/url?sa=t&source=web&rct=j&opi=89978449&url=https://blog.hubspot.fr/sales/planification-financiere&ved=2ahUKEwj46-GmiMOCAxUsQjABHdKYA8Q4ChAWegQIChAB&usg=AOvVaw1YdSRpo-D8ClfzAihqWdlm

11.1.2 Créer des prévisions financières réalistes

Pour élaborer des prévisions financières réalistes, il est essentiel de mener une analyse approfondie de vos états financiers passés. Identifiez les tendances de revenus et de dépenses, examinez les fluctuations saisonnières et tenez compte des événements spécifiques qui ont influencé votre performance financière. Une compréhension approfondie de votre marché est cruciale ; examinez la demande du secteur, la concurrence et les facteurs macroéconomiques susceptibles d'affecter vos activités. Quantifiez vos coûts fixes et variables de manière détaillée, en tenant compte des changements possibles. Fixez des objectifs financiers réalistes en alignement avec votre stratégie d'entreprise. Intégrez des scénarios alternatifs pour anticiper les risques. Impliquez des experts financiers si nécessaire et révisez régulièrement vos prévisions pour refléter les évolutions du marché et de votre entreprise. Cette approche holistique permet de créer des projections financières plus précises et adaptables.

11.1.3 Stratégies d'allocation des ressources financières

Il s'agit du processus qui consiste à identifier les ressources disponibles pour une initiative, puis à les attribuer. Dans le cadre d'une répartition efficace, les ressources sont employées au mieux, elles maximisent les résultats obtenus et contribuent aux objectifs de l'équipe. Pour créer un plan d'allocation des ressources, commencez par identifier les ressources nécessaires pour produire vos livrables de projet comme les membres d'équipe, outils, budget, etc. (Julia Martins, 2022)

On peut faire la priorisation des investissements en fonction des objectifs commerciaux. Une allocation des ressources financières de manière efficace en fonction des priorités de l'entreprise. Puis adopter une approche équilibrée pour maximiser les rendements tout en minimisant les risques. La planification financière est un processus continu et adaptable, nécessitant une surveillance régulière et des ajustements en fonction des évolutions internes et externes de l'entreprise. Elle vise à créer une feuille de route financière pour atteindre les objectifs stratégiques et opérationnels de l'entreprise. Des outils comme les tableurs, les logiciels de gestion financière et les conseils d'experts peuvent être utilisés pour faciliter ce processus.

11.2 Gestion des Liquidités

La gestion des liquidités vise à garantir que l'entreprise dispose toujours des liquidités nécessaires pour couvrir ses obligations financières et ses opérations quotidiennes, tout en évitant le gaspillage de capitaux inactifs. Les outils de gestion financière, tels que les rapports de trésorerie et les logiciels de gestion de trésorerie, sont utilisés pour surveiller et contrôler ces flux financiers. La gestion des liquidités est cruciale pour maintenir la stabilité financière au quotidien. Voici quelques points clés :

11.2.1 Optimisation du fonds de roulement

Le Besoin en Fonds de Roulement (BFR) indique le besoin en financement de votre entreprise pour couvrir son cycle d'exploitation. Il s'agit de la somme d'argent disponible pour financer les opérations courantes, telles que l'achat de stocks et le paiement des employés. Il est calculé comme la différence entre l'actif circulant et le passif circulant (Alice Bled, 2023). Le besoin en fonds de roulement peut être positif ou négatif. Il est positif si le calcul de votre BFR ressort un résultat positif, et que vous avez un besoin de financement. Si le BFR de votre entreprise est négatif, vos ressources de financement sont suffisantes pour que votre activité continue. C'est une bonne nouvelle pour l'entreprise. Cela signifie que votre cycle d'exploitation fonctionne bien et que votre entreprise est en bonne santé financière. Il y a au moins trois façons pour optimiser vos besoins en fonds de déroulement. Cela se fait à travers le stock, les créances clients et les dettes des fournisseurs.

$$BFR = Stock + Créances — Dettes$$

Le stock

Le stock c'est l'ensemble des biens, disponible dans une entreprise et qui ne sont pas encore vendus ou consommés. Une grande quantité de stock non vendu dans une date donnée ont une conséquence sur la liquidité de l'entreprise. Vous devez réduire les coûts de stockage c'est-à-dire qu'il faut limiter les surplus au strict minimum pour qu'il y ait une bonne gestion en flux. La gestion des stocks a un impact important sur le besoin en fonds de roulement. Puisque le stockage des marchandises pendant longue périodes sans tenir compte de la demande peut avoir un impact sur la finance ou liquidité de l'entreprise. La dure du stockage d'un produit est un élément important à contrôler dans l'optimisation du fonds de roulement.

Les créances clients

Les créances clients représentent des sommes dues par les clients à une entreprise. La réduction des créances clients est une étape cruciale dans l'optimisation du fonds de roulement. C'est la méthode par laquelle on diminue davantage les délais de paiement accordés aux clients. Puisqu'un retard de paiement ou un impayé diminue la liquidité dans la trésorerie de l'entreprise. Et une baisse de trésorerie due à une créance client provoque une diminution du fonds de roulement. Pour faire face à cette situation, l'entreprise doit mettre en place des stratégies et recouvrer des créances clients. Par exemple, la diminution des délais de paiement, la facture électronique ou « le créancier peut demander à une société tierce, spécialisée dans le recouvrement de créances, d'intervenir ». Une convention est alors signée entre le créancier et la charge de recouvrement, stimulant les conditions exactes de la procédure : montant de la créance, fondement de la créance (marchandises ou services qui ont été fournis), le cout de la procédure et les conditions de recouvrement des fonds et de leur encaissement (Coralie MOINE).

La dette des fournisseurs

Contrairement aux créances client qu'on doit, mener une politique de réduction de délais. L'optimisation de la dette fournisseur consiste à augmenter les délais de paiement des fournisseurs. Il est important pour une entreprise de négocier un délai de paiement plus long avec ses fournisseurs pour conserver une marge de manœuvre suffisante afin de pouvoir réaliser des opérations qui génèreront de la valeur. Pour cela, il est tout à fait possible de refuser les règlements en avance ou encore de choisir des fournisseurs proposant des délais de livraison raisonnables et fiables (Alice Bled). Il existe d'autres dettes qui peuvent aussi optimiser son BRF, comme choisir le régime simplifié de TVA ; privilégier le régime réel en cas de crédit de TVA ; payer les charges sociales sur une base trimestrielle plutôt que mensuelle tout dépend de la politique de l'entreprise.

11.3 Gestion des flux de trésorerie

La gestion des flux de trésorerie est une étape importante dans la gestion financière d'une entreprise. Pour faire une bonne gestion des flux, vous devez :

1 — Suivre et prévoir les entrées et sorties d'argent pour éviter les problèmes de trésorerie.

2- Adapter une modalité de paiement efficace de vos clients et de vos fournisseurs.

3— Prévoir et suivre les entrées et sorties d'argent pour éviter les déficits de trésorerie.

4- Offrez des escomptes aux paiements en avance

5— Utiliser des outils comme les prévisions de trésorerie pour anticiper les besoins futurs.

Politiques de crédit et gestion des encaissements / décaissements

La politique de crédit et gestion des encaissements et décaissements consiste à établir des termes de crédit clairs pour les clients. Ensuite, faire un établissement des politiques de crédit qui vous permette de maintenir un bon équilibre entre liquidités et ventes. On peut également optimiser des processus d'encaissement et de décaissement pour accélérer les flux de trésorerie. Enfin, mettre en place des systèmes efficaces pour le traitement rapide des transactions financières.

11.4 Investissements et Stratégies financiers

La section sur les investissements et les stratégies financières visent à maximiser les rendements tout en minimisant les risques associés aux décisions financières. Elle comprend des méthodes d'évaluation approfondies, la diversification pour répartir les risques et une compréhension approfondie des implications fiscales pour optimiser les rendements nets. L'utilisation d'outils d'analyse financière et l'expertise en matière d'investissements sont des éléments clés pour la mise en œuvre réussie de ces stratégies. L'évaluation des opportunités d'investissement. Analyser les projets potentiels en fonction de leur rentabilité. La section sur les investissements et les stratégies financières couvre plusieurs points essentiels :

11.4.1 Évaluation des opportunités d'investissement

L'analyse des options d'investissement pour déterminer leur viabilité et leur potentiel de rendement peut se faire à travers l'utilisation des outils tels que la VAN, le TIR et l'analyse comparative pour évaluer les opportunités. C'est-à-dire qu'il faut d'abord évaluer la rentabilité d'un investissement sur la base de la valeur actuelle des flux de trésorerie. Puis mesurer le rendement d'un investissement en fonction de son taux de rendement.

1-Le TRI représente le taux d'escompte pour lequel la VAN d'un investissement devient nulle. Si le TRI est supérieur au taux de rendement minimum attendu, l'investissement est généralement considéré comme rentable. La formule du TRI peut être résolue numériquement, généralement à l'aide d'un logiciel financier ou d'une calculatrice financière.

2- La VAN mesure la valeur actuelle de tous les flux de trésorerie futurs d'un investissement, actualisés à un taux d'escompte donné. Une VAN positive indique que l'investissement pourrait être rentable, tandis qu'une VAN négative suggère le contraire.

11.4.2   Étapes pour évaluer la rentabilité attendue avec le TRI et la VAN

1. Identifiez les flux de trésorerie : déterminez les flux de trésorerie associés à l'investissement sur chaque période.

2. Choisissez un taux d'escompte : sélectionnez un taux d'escompte approprié, souvent basé sur le coût du capital ou le rendement minimum attendu.

3. Calculez la VAN : appliquez la formule de la VAN pour obtenir la valeur actuelle nette des flux de trésorerie[46].

4. Interprétez la VAN : Une VAN positive suggère que l'investissement pourrait être rentable, tandis qu'une VAN négative suggère le contraire.

5. Calculez le TRI : utilisez des outils financiers ou des logiciels pour calculer le TRI.

6. Interprétez le TRI : Un TRI supérieur au taux d'escompte minimum attendu indique généralement une opportunité d'investissement rentable.

---

[46] http://ressources.aunege.fr/nuxeo/site/esupversions/f72edb38-644a-4e282811-41309937f9d9/doc/7t2,pdf

L'utilisation conjointe du TRI et de la VAN offre une vision complète de la rentabilité d'un investissement en tenant compte du temps et de la valeur de l'argent dans le temps.

N.B. Plusieurs ratios financiers peuvent être utilisés pour évaluer des opportunités d'investissement. Le choix des ratios dépend du type d'investissement et des objectifs spécifiques. Certains des ratios couramment utilisés incluent :

3. Ratio rendement/risque (RRR) : Mesure la performance ajustée au risque d'un investissement.

$$\text{Ratio de rendement/risque} = \frac{\text{Rendement du portefeuille} - \text{Taux sans risque}}{\text{Volatilité du portefeuille}}$$

4. Ratio de rendement sur investissement (ROI) : Calcule le rendement en pourcentage par rapport au coût initial de l'investissement.

$$\text{Ratio de rendement sur investissement} = \frac{\text{Bénéfice}}{\text{Capital global}} \times 100$$

5. Ratio de rentabilité : Évalue la rentabilité d'un projet en comparant les bénéfices avec les coûts. (voir page 215)

6. Ratio dette/capital (D/E) : Mesure la proportion de financement par emprunt par rapport aux fonds propres.

$$\text{Ratio dette/capital} = \frac{\text{Dette Total}}{\text{Capitaux } propre} \times 100$$

7. Ratio de liquidité : Évalue la capacité d'une entreprise à couvrir ses obligations financières à court terme.

$$\text{Ratio de liquidité} = \frac{\text{Actif circulant}}{\text{Passif circulant}}$$

8. Ratio de croissance des ventes : Indique la croissance des ventes d'une entreprise sur une période donnée. Ratio de croissance des ventes $= \dfrac{\text{Ventes actuelles} - \text{Ventes précédentes}}{\text{Ventes précédentes}} \times 100$

9. Ratio de rendement des dividendes : Rapporte les dividendes versés aux actionnaires par rapport au cours actuel de l'action.

Ratio de rendement des dividendes $= \dfrac{\text{Dividende par action}}{\text{Prix de l'action}}$

N.B. Ses indicateurs méritent une attention en fonction de votre secteur d'activité et fonction de la saisonnalité. Les ratios de rentabilité sont aussi un facteur à prendre en compte.

11.4.3   Diversification de portefeuille

La diversification du portefeuille consiste à répartir les investissements entre différentes classes d'actifs afin de minimiser les risques et de maximiser les rendements. Le principe de base de la diversification du portefeuille est que tous les investissements n'ont pas la même performance dans des conditions de marché différentes. En investissant dans une variété d'actifs, les investisseurs peuvent réduire l'impact de la sous-performance d'un investissement individuel sur l'ensemble de leur portefeuille. L'objectif est de créer un portefeuille moins vulnérable aux fluctuations du marché[47]. La diversification de portefeuille ne garantit pas un profit ou une protection contre les pertes, mais elle vise à réduire le risque global en répartissant les investissements. Il est crucial de personnaliser votre stratégie de diversification en fonction de votre tolérance au risque, de vos objectifs financiers et de votre situation spécifique.

11.4.3.1   Les éléments importants à considérer dans le cadre de la diversification de portefeuille

1 — Diversification des classes d'actifs : Diversifiez entre actions, obligations, liquidités et éventuellement d'autres classes d'actifs comme l'immobilier ou les matières premières. Les différentes classes d'actifs réagissent différemment aux conditions du marché.

2- Diversification géographique : Étalez vos investissements sur différentes régions géographiques pour atténuer les risques liés à la performance économique de régions spécifiques.

---

[47] Faster capital, Tarification avec majoration une stratégie simple mais efficace pour l'optimisation des prix, mise à jour 2 octobre 2023, consulté le 16 novembre 2023
https://fastercapital.com/fr

3- Diversification sectorielle : Investissez dans divers secteurs économiques pour réduire l'impact d'événements spécifiques à une industrie particulière.

4- Diversification entre Grandes et Petites Capitalisations : Équilibrez les investissements entre des entreprises de grande capitalisation (Blue chips) et des entreprises de petite capitalisation, offrant un mélange de stabilité et de potentiel de croissance.

5- Allocation entre Croissance et Revenu : Répartissez les investissements entre des actifs axés sur la croissance (actions à fort potentiel de croissance) et des actifs générant des revenus (obligations, actions versant des dividendes).

6- Diversification temporelle : Étalez vos investissements dans le temps pour réduire l'impact des fluctuations du marché.

7- Surveillance et Rééquilibrage réguliers : Surveillez la performance de votre portefeuille et rééquilibrez-le périodiquement pour maintenir la diversification initiale. Les changements dans la valeur des actifs peuvent modifier la répartition prévue.

8 — Gestion des Risques et Actifs Non-Corrélés : Identifiez des actifs qui ne sont pas fortement corrélés, c'est-à-dire que les mouvements de prix ne sont pas synchronisés. Cela peut aider à réduire la volatilité du portefeuille.

9 — Stratégies de Diversification interne : Diversifiez également au sein des catégories d'actifs, par exemple, en détenant un panier d'actions plutôt qu'une seule, ou en investissant dans des obligations de différentes échéances.

10- Objectifs et Horizon temporel : Ajustez la diversification en fonction de vos objectifs financiers et de votre horizon temporel. Les investissements à long terme peuvent tolérer une diversification plus agressive.

11.5 Stratégies fiscales pour maximiser le rendement

Les stratégies fiscales pour maximiser le rendement sont des approches légales et planifiées visant à optimiser la situation fiscale d'une personne ou d'une entreprise. Il est important de souligner que la planification fiscale doit toujours être réalisée dans le respect des lois fiscales en vigueur. Voici quelques stratégies courantes :

1 -**Optimisation des Déductions et Crédits d'Impôt** : Identifiez et maximisez les déductions fiscales disponibles, telles que les frais professionnels, les déductions pour les investissements, et les crédits d'impôt spécifiques.

2- Gestion des Investissements : Choisissez des véhicules d'investissement tax-advantaged comme les comptes de retraite (ex. : 401 [k], IRA) pour bénéficier d'avantages fiscaux tout en augmentant les rendements à long terme.

3- **Diversification des Revenus** : Répartissez les revenus entre différentes sources pour profiter des taux d'imposition différents qui peuvent s'appliquer à des types de revenus variés.

4- Utilisation des Pertes en Capital : Compensez les gains en capital imposables en vendant des investissements qui ont subi des pertes, réduisant ainsi l'impact fiscal net.

5- Planification de l'Impôt sur le Revenu différé : Utilisez des stratégies de report d'impôt en différant les revenus imposables à une date ultérieure, notamment à la retraite lorsque le taux d'imposition peut être plus bas.

6- Stratégies de Succession et de Don : Mettez en place des plans de succession pour minimiser les droits de succession et profiter des avantages fiscaux liés aux dons philanthropiques.

7— Optimisation de la structure juridique : Choisissez une structure juridique (individuelle, société, LLC, etc.) qui offre des avantages fiscaux optimaux pour votre situation spécifique.

8- Utilisation des Crédits fiscaux pour les Entreprises : Explorez les crédits d'impôt disponibles pour les entreprises, tels que les crédits pour la recherche et le développement ou les crédits d'impôt pour l'embauche de certains travailleurs.

9- Investissements dans des Produits fiscaux avantageux : Explorez des produits financiers conçus pour offrir des avantages fiscaux, tels que les municipaux bonds qui peuvent offrir un revenu par exemple d'impôt fédéral.

11.6 Gestion des Risques financiers

La gestion des risques consiste à identifier, évaluer et hiérarchiser les risques afin de minimiser leur impact potentiel sur les portefeuilles d'investissement. Une stratégie de gestion des risques bien exécutée garantit que les investisseurs sont prêts à faire face à des évolutions inattendues du marché et peuvent adapter leurs stratégies d'investissement en conséquence. Une gestion efficace des risques est essentielle pour préserver le capital et atteindre les objectifs financiers à long terme (Faster capital). La gestion des risques financiers est essentielle pour anticiper et atténuer les menaces. Voici les principaux aspects :

11.6.1   Identification des risques

Identification des risques vous permettre de mieux appréhender les défis éventuels qui sont liés au domaine financière. La gestion de risques financiers se décline en plusieurs catégories :

1. La volatilité des Marchés

La volatilité est l'empileur des variations du cours d'un actif financier. Elle sert de paramètre de quantification du risque de rendement et de prix d'un actif financier. Lorsque la volatilité est élevée, la possibilité de gain est plus importante, mais le risque de perte l'est aussi (Wikipédia).

Exemple : Une forte instabilité boursière due à des événements économiques mondiaux tels que des crises financières, des catastrophes naturelles ou des pandémies peut entraîner des fluctuations imprévues des prix des actifs, affectant ainsi la valeur des portefeuilles d'investissement

2. Les risques liés aux taux d'intérêt

Les variations des taux d'intérêt peuvent influencer les coûts d'emprunt et les rendements des investissements. Une hausse soudaine des taux peut entraîner une augmentation des charges d'intérêt, affectant ainsi la rentabilité.

Par exemple une hausse des taux d'intérêt peut augmenter les coûts d'emprunt, impactant les entreprises fortement endettées. À l'inverse, des taux bas peuvent entraîner des rendements plus faibles sur les investissements, affectant la rentabilité globale.

Pour financer ses projets ou se relever d'une crise financière, une entreprise peut recourir à un prêt. Dans le cas où cet emprunt est à taux variable, la société prend le risque d'affecter son patrimoine. En effet, la variation du taux d'intérêt peut très bien entraîner une augmentation des montants à rembourser et donc rendre difficile pour l'entreprise, l'établissement de prévisions financières à court, moyen et long terme. Ce risque est appelé « risque d'emprunt ».

3. Le risque de change

Ce risque concerne les sociétés dont les opérations financières s'effectuent dans une devise étrangère. Elles peuvent subir des fluctuations et, de ce fait, impacter négativement le chiffre d'affaires de la société.

4. Le risque de contrepartie

Le risque de contrepartie survient lorsqu'un partenaire ou un fournisseur d'une entreprise n'honore pas ses engagements et ne respecte pas les termes des contrats signés. Pour illustrer ce risque, l'exemple le plus simple est celui d'une société dont un ou plusieurs clients ne paient pas dans les délais impartis.

5. Le risque de liquidité

Certaines entreprises peuvent rencontrer des difficultés pour vendre leurs produits ou services. Cette problématique peut entraîner un manque de liquidité qui aurait pu servir à financer des projets, récompenser les collaborateurs, soutenir la croissance de la société…

6. Les risques liés à l'environnement de l'entreprise

Pour croître de manière pérenne, une société doit évoluer dans un environnement économique sain et dans une zone riche en infrastructures et en profils qualifiés. Dans le cas contraire, elle encourt plusieurs comme des difficultés à recruter, des complexités logistiques, voire la faillite. Ils peuvent rencontrer aussi des risques financiers auxquels l'entreprise est exposée, comme les risques de change, de taux d'intérêt, de crédit, etc. Un risque de crédit est caractérisé par un défaut de paiement de clients ou de contreparties dans le cadre de transactions financières qui peuvent entraîner des pertes financières. Une évaluation rigoureuse de la solvabilité des clients et des partenaires commerciaux est essentielle pour atténuer ce risque. Dans ce cas vous devez utiliser des outils d'analyse pour prévoir et catégoriser ces risques. Comme la stratégie de couverture et gestion proactive des risques et une gestion spécifique pour le bien catégoriser.

11.6.2 Stratégies de couverture et gestion proactive des risques

Mettre en place des stratégies de couverture pour réduire ou se protéger contre les risques identifiés. Les stratégies de couverture sont des techniques qu'une entreprise utilise pour limiter les risques des actifs et des risques financiers. La gestion proactive des risques implique une implication d'identification des risques et de prendre des mesures pour les prévenir ou les atténuer avant qu'ils n'aient un impact sur l'investissement. Cette approche nécessite une compréhension approfondie de l'investissement, des conditions du marché et des risques[48]. On doit utiliser aussi des produits financiers dérivés comme les con-

---

[48] https://fastercapital.com/fr/startup-sujet/Gestion-proactive-des-risques.html#:~:text=La%20gestion%20proactive%20des%20risques%20implique%20d'identifier%20les%20risques,march%C3%A9%20et%20des%20risques%20potentiels

trats à terme ou les options pour se prémunir contre les fluctuations de change ou de taux d'intérêt.

11.6.3   Gestion des risques spécifiques

La gestion des risques spécifique dans une entreprise peuvent collaborer efficacement à augmenter le taux du succès de l'entreprise. Cela se faire d'abord en adoptant des protocoles pour gérer les risques spécifiques comme les risques de change, de taux d'intérêt et de crédit. Puis, l'élaboration des plans de contingence qui doit être adaptés non seulement à la réalité du secteur où il évolue pour faire face à des scénarios défavorables. Mais aussi il doit être adapté au risque externe. Puisqu'avec la mondialisation les risques d'un pays peuvent affecter en grande partie d'autres pays voisins y compris le monde.

La gestion des risques financiers vise à réduire l'impact des menaces financières sur l'entreprise. Elle implique une évaluation approfondie des risques, la mise en place de stratégies pour se prémunir contre ces risques, et la préparation de plans d'action pour faire face à des événements indésirables. L'utilisation d'outils d'évaluation des risques et l'expertise en gestion des risques sont essentielles pour gérer efficacement ces éléments.

Chapitre 12

12. La gestion des ressources humaines

La gestion des ressources humaines (GRH) est une fonction cruciale au sein de toute entreprise, visant à maximiser le potentiel des employés et à les aligner sur les objectifs organisationnels. La gestion des ressources humaines est donc une fonction organisationnelle qui a pour mission d'utiliser de façon optimale la main-d'œuvre à travers diverses activités parmi lesquelles : la gestion de l'emploi (analyse de poste, recrutement, mutation et promotion, gestion du temps de travail) ; la gestion des potentiels (suivi des compétences, appréciation et suivi du personnel, formation) ; l'information et l'expression des salariés (communication interne) ; et la dynamisation et la motivation du personnel (Citeau, 2000 ; Strandberg, 2009). Voici quelques aspects clés de la gestion des ressources humaines en entreprise :

12.1 Prévision nécessaire

La prévision des besoins en ressources humaines consiste à estimer les futurs besoins en termes de personnel de l'entreprise en fonction de différents facteurs. Cela implique d'abord une analyse des tendances du marché, des prévisions de croissance de l'entreprise, des évolutions technologiques, des changements dans les méthodes de travail et des besoins en compétences. Ensuite on utilise des données historiques, des modèles statistiques et des informations sur les objectifs stratégiques de l'entreprise, la prévision des besoins en ressources humaines permet d'anticiper et de planifier les effectifs nécessaires, facilitant ainsi le recrutement, la formation et le développement des employés pour répondre aux exigences à venir.

Selon Techno Compétences souligne qu'on doit répondre aux questions suivantes facilitera la détermination des besoins :

☐ Quelles fonctions devrons-nous combler ?

☐ Comment les fonctions actuelles évolueront-elles ?

☐ Quels types de compétences nous faudra-t-il ?

☐ De combien de personnes aurons-nous besoin pour effectuer le travail ?

☐ À quel moment et pour combien de temps ?

☐ Au sein de l'effectif actuel, y a-t-il des employés qui peuvent réaliser le travail ?

☐ Avec du perfectionnement, y a-t-il des employés qui pourraient réaliser le travail ?

12.2 Recrutement et sélection

Il est le processus par laquelle que les recruteurs, identifier, attirer et embaucher des talents appropriés pour les postes vacants. Cela implique la rédaction d'offres d'emploi, la passation d'entretiens, et la vérification des références. En matière de recrutement, les procédures mises en place peuvent permettre à l'entreprise de sélectionner des candidats possédant des compétences et les connaissances spécifiques afin de combler les exigences relatives à un poste. Les pratiques d'embauche permettent en outre d'identifier les candidats pouvant faciliter ou nuire aux efforts de mobilisation. De ce fait il définir le profil du poste et sélectionné les CV. Dans cette optique, les recruteurs sont amenés à déceler des savoir-être spécifiques tels que l'empathie, l'altruisme et une attitude animée par des valeurs sociales et collectivistes. À cette étape du recrutement, les gestionnaires peuvent également présenter clairement les valeurs de l'entreprise, en matière de DD/RSE notamment, et s'assurer que les candidats partagent ces valeurs. Pour être efficace, cet effort lors du recrutement doit être maintenu en aval de la décision en offrant aux employés des dispositifs de socialisation et de gestion de carrière suscitant leur engagement à long terme (Lucile Cabos, 2015). Après, avoir conduire l'entretien et faire la sélection finale, on doit mettre en place le processus d'accueil et d'intégration.

12.3 Intégration des employés

Accueillez-vous donc les uns les autres, comme Christ vous a accueillis, pour la gloire de Dieu (Romains 15 : 7). Accueillir et intégrer les nouveaux employés de manière à ce qu'ils s'adaptent rapidement à la culture et aux procédures de l'entreprise. La mise en place d'une stratégie d'accueil et d'intégration crée généralement un impact important sur la durée d'emploi, l'engagement de l'employé au sein de l'entreprise ainsi que sur sa mobilisation et son adhésion à la mission. Il importe donc de transmettre aux nouveaux employés un maximum de renseignements sur la culture, les valeurs, la philosophie et les attentes de l'organisation au moment de l'embauche. Plus l'accueil d'un employé est structuré et efficace, plus il atteindra un niveau de performance satisfaisant[49].

12.4 Formation et développement

La formation du personnel est un investissement. Elle permet aux entreprises en d'accroître les compétences et la productivité de leur main-d'œuvre tout en augmentant la qualité de leurs produits et services. Il s'agit d'une activité à valeur ajoutée qui favorise l'adaptation et la flexibilité des individus par rapport aux défis qu'ils ont à relever[50]. Fournir des opportunités de formation et de développement professionnels pour améliorer les compétences et les performances des employés. D'abord, vous devez identifier et analyser les besoins de formation. Ensuite, planifier et diffuser la formation pour les employés. Puis on faire des suivis et d'évaluation pour les participants.

---

[49] Techno Compétence, Guide de Gestion des ressources humaines, Accueil et intégration p42

[50] Techno Compétences
https://www.technocompetences.qc.ca »... PDF
Guide de gestion des ressources humaines

Selon un article écrit par IBM Skills, les initiatives de formation et de développement sont des activités éducatives au sein d'une organisation qui visent à améliorer les performances professionnelles d'un individu ou d'un groupe. Ces programmes consistent généralement à faire progresser les connaissances et les compétences d'un employé et à lui insuffler une plus grande motivation pour améliorer ses performances professionnelles.

12.5 Gestion des performances

Pour augmenter la performance de l'entreprise, vous devez évaluer régulièrement les performances des employés, fixer des objectifs, donner des retours d'information et éventuellement mettre en place des plans d'amélioration. Pour Oracle[51], dans un article, publier sur la performance de ses collaborateurs. « Les managers utilisent la ges-

---

[51] Oracle, Gérer la performance de ses collaborateurs
https://www.google.com/url?sa=t&source=web&rct=j&opi=89978449&url=https://www.oracle.com/fr/database/gestion-performance-rh/&ved=2ahUKEwiN9L20xLeCAxWNSjABHfsuAoYQFnoECB0QAQ&usg=AOvVaw1jsUT-W4T3-Dyz18hLiAaK
La gestion du rendement des employés ou du système et l'harmonisation de leurs objectifs facilitent la réalisation efficace des objectifs stratégiques et opérationnels de l'entreprise. L'utilisation d'un logiciel intégré, plutôt qu'un système d'enregistrement sur tableur, peut procurer un important retour sur investissement grâce à toute une gamme d'avantages commerciaux directs et indirects, d'avantages en termes d'efficacité opérationnelle et grâce à l'exploitation du potentiel latent dans chaque journée de travail (le temps passé sans gain financier direct.

tion de la performance pour aligner les objectifs de l'entreprise avec ceux des services et des employés afin d'accroître l'efficacité, la productivité et la rentabilité. Les lignes directrices de la gestion du rendement énoncent les activités et les résultats en fonction desquels les employés et les équipes sont évalués ».

12.6 Rémunération et avantages sociaux

La rémunération est un moyen que l'entreprise utilise pour retenir ses meilleurs collaborateurs et employés pour attirer de nouveaux candidats dans ses effectifs. Et l'objectif ultime de toute politique de rémunération est de créer un sentiment de reconnaissance et d'équité pour les employés actuels et futurs. De plus, toute politique de rémunération devrait avoir trouvé l'équilibre entre la satisfaction des demandes des employés et la capacité de payer de l'organisation[52]. Pour l'éternel et pour la loi des pays juste le salaire est une obligation. C'est ainsi qu'il disait : malheur à celui qui bâtit sa maison par l'injustice, et ses chambres par l'iniquité ; qui travailler son prochain sans le payer, sans lui donner son salaire (Jérémie 22 : 13). *« Tout travail mérite salaire », mais la rémunération globale est bien plus qu'un chèque de paie. Il s'agit d'un système complexe d'avantages tangibles, intangibles, variables et même émotifs.* La mise en place d'une politique de rémunération permet de structurer la rémunération

---

[52] Guide de gestion des ressources humaines https://www.technocompetences.qc.ca p51

de manière cohérente et équitable pour tous les employés, en prenant en compte les besoins et objectifs de l'entreprise[53]. Vous devez définir les politiques de rémunération, les salaires, les primes et les avantages sociaux pour attirer, motiver et retenir les employés.

12.7 Gestion du personnel

La gestion du personnel désigne l'ensemble des tâches administratives qui sont nécessaires à la bonne gestion des ressources humaines dans l'entreprise. L'efficacité et la productivité sont particulièrement recherchées par l'employeur en matière de gestion du personnel, afin d'assurer la conformité de l'entreprise à toutes ses obligations législatives et réglementaires[54]. La gestion du personnel en entreprise est un pilier fondamental du succès organisationnel. En combinant des processus de recrutement judicieux, une intégration efficace, un dé-

---

[53] Louis Brouard, Politique de rémunération : 6 étapes pour la mettre en place, consultée le 9 novembre 2023, https://www.google.com/url?sa=t&source=web&rct=j&opi=89978449&url=https://gorh.co/politique-remunera-ra-tion/&ved=2ahUKEwjMyqWz8LeCAxVOlGoFHR6zDM0QFnoECBoQAQ&usg=AOvVaw3pMwNou78eexppeSgYKM33

[54] Mint hr, Gestion du personnel, consulté le 9 novembre 2023, https://www.google.com/url?sa=t&source=web&rct=j&opi=89978449&url=https://minthr.com/fr/glossary/gestion-du-person-nel/%3Famp%3D1&ved=2ahUKEwietO7jgbiCAxXClGoFHVXfAZwQFnoECCUQAQ&usg=AOvVaw3SzPlLpxtEx2p_ve6BsuQd

veloppement continu des compétences, des évaluations régulières et une communication transparente, la gestion du personnel crée un environnement propice à la croissance professionnelle et personnelle des employés. Une gestion attentive des performances, couplée à une rémunération équitable et des avantages sociaux attractifs, favorise la motivation et l'engagement des employés. En investissant dans une culture d'entreprise solide et des méthodes de gestion de conflits constructives, une entreprise peut maintenir un environnement de travail sain, propice à l'innovation et à la productivité. La gestion du personnel ne se limite pas à l'administration ; elle devient le moteur d'une culture d'entreprise dynamique et équilibrée, favorisant ainsi le succès à long terme. Elle S'occupe également des questions administratives liées aux employés, telles que la gestion du temps, les congés, les absences et les dossiers du personnel.

12.8 Relations avec les employés

La gestion des relations en entreprise est cruciale pour favoriser un environnement de travail productif et harmonieux. La capacité à résoudre les conflits de manière efficace est un pilier fondamental de cette dynamique. En encourageant une communication ouverte, une écoute active et une collaboration, les entreprises peuvent non seulement résoudre les différends, mais également renforcer la confiance, la cohésion et la satisfaction des employés. La résolution proactive des conflits élimine non seulement les tensions internes, mais favorise également l'innovation, la créativité et une culture où les opinions diverses sont valorisées. En investissant dans des processus de résolution des conflits, les entreprises démontrent leur engagement envers le bien-être de leurs équipes, renforçant ainsi leur attractivité et leur performance à long terme.

12.9 Conformité légale et réglementaire

Le respect des lois du travail et des normes de sécurité en gestion des ressources humaines est un impératif moral et juridique pour toute entreprise. Les employés ont droit à un environnement de travail sûr et à des conditions de travail équitables. Les lois et les normes établissent des balises claires pour assurer ces droits. Pour l'entreprise, la conformité est également une mesure de prévention des risques. Les litiges liés à des violations des lois du travail ou des normes de sécurité peuvent être coûteux en termes de temps, d'argent et de réputation. C'est pourquoi la mise en place de politiques et de procédures solides, la formation et l'information des employés, ainsi que la gestion proactive de la conformité, sont des pratiques essentielles. Le respect des lois et des normes est non seulement une obligation légale, mais aussi un élément clé de la responsabilité sociale de l'entreprise, favorisant un environnement de travail éthique, sécuritaire et respectueux de ses employés. Il est important d'assurer que l'entreprise respecte toutes les lois du travail, les normes de sécurité et les réglementations en matière de ressources humaines.

12.10   Gestion du changement

La gestion du changement en entreprise est un processus visant à planifier, mettre en œuvre et gérer les modifications organisation- nelles de manière efficace. Vous devez identifier les raisons pour lesquelles le changement est nécessaire, que ce soit pour s'adapter à de nouvelles technologies, améliorer la productivité, ou répondre à des évolutions du marché. Puis communiquez clairement les raisons du changement aux employés, en expliquant les avantages attendus. Et élaborez un plan détaillé qui définit les étapes du processus de changement, les responsabilités et les échéances. Impliquez les em- ployés et les parties prenantes dans le processus de changement, en recueillant leurs idées et en les faisant participer activement. Assurez- vous que les employés reçoivent la formation nécessaire pour acqué- rir les compétences requises dans le cadre du changement. La gestion du changement est essentielle pour assurer une transition en douceur vers de nouvelles pratiques et processus, tout en minimisant les per- turbations potentielles.

Faciliter et gérer les transitions organisationnelles, notamment lors de fusions, acquisitions ou réorganisations. Le cabinet de conseil mondial McKinsey & Company a créé une approche holistique du changement organisationnel. Cette approche repose sur quatre prin- cipes : La promotion de la compréhension. Assurez-vous que les em- ployés comprennent ce qui change et pourquoi c'est logique. Déve- loppement de compétences. Donnez aux travailleurs les compétences nécessaires pour effectuer le changement. La modélisation de rôle. Assurez-vous que les dirigeants incarnent le changement. Renforcement avec des instruments formels. Restructurer les systèmes d'entreprise pour soutenir le changement organisationnel[55].

12.11 Planification de la relève

La planification de la relève en entreprise est un processus stratégique visant à identifier, former et préparer les employés à occuper des postes clés au sein de l'organisation, en cas de départs à la retraite, de départs inattendus ou pour favoriser la croissance de l'entreprise. Une stratégie de planification permet à l'entreprise de réduit le risque de dysfonctionnement avec l'absence d'un cadre supérieur. Un départ non planifié d'un cadre dans une entreprise peut avoir une affectation énorme. Cela peut affecter non seulement l'aspect psychologique des employés, mais aussi l'aspect financier de l'entreprise. Il est important d'identifier les postes clés ou les postes critiques au sein de l'entreprise qui nécessite une relève adéquate.

---

[55] Asya stamenova, 10 étapes pour un bon processus de gestion du changement, 28 avril 2020,
Consultés le 9 novembre 2023
https://www.google.com/url?sa=t&source=web&rct=j&opi=89978449&url=https://www.lumapps.com/fr/insights/blog/10-etapes-pour-un-bon-processus-de-gestion-du-change-ment/&ved=2ahUKEwjvg_KYlLiCAxVxl2oFHduYDCkQFnoECB0QAQ&usg=AOvVaw3hpN6a_e3e98PKUNm_FwhP

Cela peut inclure des postes de direction, des experts techniques ou d'autres rôles stratégiques. Faire une évaluation des compétences et des talents chez les employés actuels ayant le potentiel de combler ces postes clés. Évaluez leurs compétences, leur expérience et leur potentiel de développement. Fournissez aux employés des opportunités de formation, de mentorat et de développement pour renforcer leurs compétences et leur préparation. Surveillez et évaluez régulièrement la progression des employés dans leur développement. Lorsque le moment de la relève arrive, assurez une transition en douceur en passant les responsabilités de manière progressive. Le mentorat peut jouer un rôle clé à ce stade. La planification de la relève permet de réduire les risques liés aux départs inattendus de personnel clé et de maintenir la continuité opérationnelle tout en favorisant le développement des employés au sein de l'entreprise[56].

---

[56] Lien utile

https://www.google.com/url?sa=t&source=web&rct=j&opi=89978449&url=https://www.technocompetences.qc.ca/wp-content/uploads/2018/11/2013_Guide_GRH_TECHNOComp%25C3%25A9tences.pdf&ved=2ahU-KEwjI2vaSzIOEAxXPSDABHQWNB_kQFnoECBgQAQ&usg=AOvVaw1KKApLDBZAXpQCMr1kFf8d

ANNEXE

Merci à toute et a tous qui ont procurée et pris le temps de suivre ce parcours. Que Dieu vous accompagne tout au long de votre parcours dans l'entrepreneuriat. Comme il a dit dans Genèse 13 :16-17 : Je rendrai ta prospérité comme la poussière de la terre, en sorte que, si quelqu'un peut compter la poussière de la terre, ta prospérité aussi sera comptée. Lève-toi, parcours le pays dans sa longueur, car jc tc le donnerai.

Suivez ces 12 pratiques pour faire ce parcours :

1- Développer en vous un désir d'entreprendre

2- Penser comme un champion en entrepreneuriat

3- Développer en vous la créativité

4- Fixer un objectif clair et précis

5- Chercher les opportunités à exploiter dans chaque problème

6- Augmenter votre foi par rapport à la réussite

7- Développer votre croissance personnelle

8- N'ayez pas peur d'oser

9- Aimer vos rêves, en développant pour lui un amour exception-nel

10- Gérer bien votre temps

11- Cultiver le leadership en vous

12- Agir, Agir et passer à l'action

Soyez une personne diligent dans vos projets puisque : « Les projets de l'homme diligent ne mènent qu'a l'abondance, Mais celui qui agit avec précipitation n'arrive qu'a la disette ».